「目に見えない流れ」
もあると、上岡さんの動画で
学ぶことができました。

上岡さんの話を理解して、
日本株投資をしてきて
良かったです。

「勉強になります !!
何事も経験ですね。
試していきたいと思います。」

おかげさまで、
毎年利益が出ています

「ありがとうございます。
ようやく分かりました。」

上岡さんの話が一番腑に落ちます

上岡さんのお話で、
やっと投資の方針が定まってきました。

上岡さんが話された内容と
ドンピシャです。
いつも自分を戒めています。
「勝ったら相場のおかげ、
負けは自分のせい」

「投資の勝てるヒント」

を教えてくださりありがとうございます。
本当に気づくことができるチャンネルですね。

はじめまして。働きながらYouTubeで
投資について発信している上岡正明です。

ありがたいことに、
僕のもとにはこんな言葉が届きます。

実際に株式投資をはじめた人が、
迷って、悩んで、僕の発信にたどりつく。

切実な言葉です。

実際に、新NISAがはじまっても、
いちばん効果的な活用法は、
誰も積極的に教えてくれません。

日経平均株価が上がったと聞いてもまったく実感がなく、
戸惑う方も多いのではないでしょうか。
「どうにか新NISAをもっとうまく活用できないか」と
モヤモヤしている方も多いのではないでしょうか。

僕は、みなさんの声を聞いて、

本気で、
新NISAの活用法を
お伝えしたいと思うようになりました。

投資は、
「ゼロサムゲーム」ではありません。

「運」だけの世界でもありません。

きちんと知識を学び、考え、いい流れの中に入れれば
だれでも必ず勝利できるものです。

株の専門家でなくても、働きながらでも、
人生の選択肢を増やすような
「完全勝利！」といえる幸せを
手に入れることはできます。

それは、働きながら投資で**6億円**資産を増やした
僕自身が証明です。

この本を手に取ってくださったあなたは、
間違いなく
自分で考える頭を持っている方です。

僕は、無責任なことは言いたくありません。
でも、僕のところに来てくださった方には、
絶対にうまくいってほしい。

そのヒントを提供できるのであれば、惜しみなく発信したい。
そう思っています。

だからみんなで、
「完全勝利」
を目指しましょう。
最後に笑うのは、
この本を読んでくださった
あなたです。

日本株で

新NISA完全勝利

働きながら投資で6億円資産を
増やした僕のシナリオ

上岡正明

はじめに

インデックスファンドの積み立てだけでは「最高に豊かで自由な人生」は手に入らない

「新NISAは、オルカンかS&P500を選んでおけばOK」
「毎月コツコツ積み立てて、あとはほったらかしでいい」

みなさんは、こんなふうに決めつけていないでしょうか？
それもしかたないかもしれません。メディアも、証券会社も、ファイナンシャルプランナーも、アナリストも、インフルエンサーも、こぞってそのようにアドバイスしているからです。

しかし私は、インデックスファンドをコツコツ積み立てることが、お金持ちになる唯一の正解である、という昨今の風潮に違和感をおぼえています。

たしかに、多くの人がシミュレーションしているように、新NISAでインデックスファンドを積み立てて、複利で回していけば、「老後の安心」は手に入れることができるかもしれません。

でも、積み立て投資だけで、**「最高に豊かで自由な人生」**を手に入れることはできるでしょうか？　残念ながら、それは難しいと思っています。

なぜなら、積み立て投資には3つの弱点があるからです。

①投資のスキルが向上しない
②インデックスのスピード以上に資産が増えない
③長期間の退屈さに人は耐えられない

私は決して、積み立て投資を否定しているわけではありません。これらの弱点を理解したうえで、積み立て投資を選ぶのであればかまわないのです。

または、仕事や育児で忙しいので、投資に時間を取られたくないと考える人も、積み立て投資を選べばよいと思います。

しかし、新ＮＩＳＡを始めた多くの人が、メディアや、証券会社や、ファイナンシャルプランナーや、アナリストや、インフルエンサーがすすめているから、という理由だけで、なんとなくインデックスファンドの積み立てを選んでいるように見受けられます。

厳しい言い方をするなら、**人の意見をうのみにして、自分の頭で考えていない。**思考停止状態におちいっているということです。

「それって、本当に腑に落ちていますか？」

私はみなさんによく、こう問いかけています。

自分の頭で、納得するまで考えること。メリット・デメリットをきちんと理解すること。それが、投資においてもっとも大切なことだからです。

あなたは本当に腑に落ちたうえで、積み立て投資を選んでいるでしょうか？

では、「最高に豊かで自由な人生」を手に入れたい人は、新NISAをどう活用すればよいのでしょうか。私の答えは、このひと言に尽きます。

「日本の個別株に投資をしましょう」

正確にいうと、成長投資枠（上限1200万円）をいっぱいまで使って日本の個別株を売買し、つみたて投資枠（600万円）でインデックスファンドを積み立てる、いわば「二刀流」の戦略です。

こう言うと、たまに「新NISAで日本株に投資できるんですか？」と驚かれる方がいます。

ビギナーの方のために念のためお伝えしておきますが、新NISAは日本株にも投資することができます。「新NISA＝積み立て投資」ではないことに、くれぐれも注意してください。

個別株投資の経験を積み、投資のスキルを磨く。守りの投資だけではなく、ここぞと思ったときには積極的に攻める。そして、インデックスのスピード以上に資産を増やす。

この戦略をとることで、積み立てでは何十年もかかる資産形成が、もしかしたら数年に短縮できるかもしれません。

あるいは、積み立て投資だけではなかなかなれない、「億り人」になれる可能性も出てきます。

私は200万円を元手に2004年から投資を始め、独学で資産を6億円まで伸ばしてきました。

インデックスファンドの積み立てでは、このような資産を築くことはとうていできなかったでしょう。せいぜい3000万円が関の山だったと思います。

6億円もの資産を築くことができたのは、間違いなく個別株投資、しかも日本株に投資したおかげです。

新NISAが始まって以降、日本株は上昇の一途をたどっています。今後の状況しだいでは、空前の日本株ブームが起こる可能性もあります。こんなチャンスはめったにありません。

ぜひ、本書を読んでいただいて、自分の実力で資産を増やすスキルとマインドを身につけてください。

「最高に豊かで自由な人生」を手に入れる人が、1人でも増えることを心より願っています。

目次

はじめに

インデックスファンドの積み立てだけでは「最高に豊かで自由な人生」は手に入らない …… 8

第1章 そもそも「新NISA」ってなんですか？

新NISAになって何がどう変わったのか …… 28

新NISAには「2つの枠」がある …… 31

新NISAで押さえておきたい「6つの改正ポイント」 …… 33

新NISA口座を開くならネット証券で …… 36

つみたて投資枠のいちばん賢い使い方 …… 39

買うべき商品はこの2つだけでいい …… 40
長期・分散・低コスト……これが積み立て投資の3原則 …… 44
新NISAの「お手本」はある国の成功事例 …… 49
新NISAはこれからもっと使いやすい制度になっていく？ …… 50

第2章 新NISA、「積み立て投資だけ」で本当にいいの？

「オルカン一択」では、小金持ちになれるが大金持ちにはなれない …… 54
積み立て投資の弱点① 投資のスキルが身につかない …… 56
積み立て投資の弱点② インデックスのスピード以上に資産が増えない …… 60
積み立て投資の弱点③ 長期間の退屈さに人は耐えられない …… 63
「インデックスファンドの積み立て」が日本でもてはやされる4つの理由 …… 67
「インデックス積み立て投資で1億円」は本当なのか？ …… 77

「新NISAで1億円」の落とし穴とは …… 79
みんな「不安ベース」で新NISAを使っている …… 83

第3章 新NISAの成長投資枠で「日本の個別株」に投資せよ

私がおすすめする「二刀流」戦略とは？ …… 88
まずはつみたて投資枠を死守しよう …… 88
個別株を組み合わせると5年後いくらになっている？ …… 91
資産形成のスピードがここまで早まる …… 93
「日経平均4万円」の導火線に火をつけるものとは …… 98
大衆心理はどちらに向かっている？ …… 100
今の日経平均株価はまだまだ割安 …… 103
海外投資家の「日本買い」が最後のトリガーになる …… 105

「みんなオルカンやS&P500を買うので日本株には影響がない」は本当？ …… 108
今どんな投資信託が売れているのか？ …… 109
「オルカン一択」では耐えられなくなる …… 111
新NISAは「政府の陰謀」と主張する人たち …… 114
自分の頭で考えない人は株をやらないほうがいい …… 115
新NISAは庶民に有利な制度 …… 118

第4章 失敗しない「銘柄選び」のポイント

まずはこの「3つのポイント」さえ覚えておけばいい …… 124
ポイント① 収益性……利益はどれだけあるのか？ …… 125
ポイント② 持続性……いつまで続くのか？ …… 127

ポイント③ 確実性……どれだけ確かなのか？ 130
「4つのギャップ」に注目して、これから上がる銘柄を見つけよう 134
まだ人気になっていない「割安なお宝銘柄」を探せ 136
新NISAで投資するなら「高配当かどうか」も外せない 139
① 配当が安定しているか 140
② 連続増配しているか 142
③ 配当性向が適正な範囲か 145
高配当株で得た配当金は「再投資」せよ 146
最初は少額から始める……ビギナーにおすすめの「単元未満株投資」 148
「単元未満株」から始めてみよう 150
エントリータイミングは自分で決める 153
大事なのは「魚の釣り方」を知ることである 155
ビギナーにおすすめしたい「2つの意外な情報源」 157

第5章

新NISAにおすすめ！「注目銘柄20」を実名公開

厳選高配当株

「利回り3・5%」以上を狙い、不労所得を手に入れよ …… 162

①SOMPOホールディングス（8630）
「3メガ損保」の一角。「ビッグモーター問題」の影響は限定的か？ …… 163

②日本製鉄（5401）
日本最大手の鉄鋼メーカー。米大統領選挙とUSスチール買収の行方に要注意 …… 166

③日立建機（6305）
世界第3位の建設機械メーカー。AI、自動運転などの技術にも期待 …… 169

④ソフトバンク（9434）
「ワイモバイル」が絶好調。「営業利益1兆円」は通過点にすぎない？ …… 172

狙い目穴場株
あなたの知らない場所に、「花の山」が眠っている？ …… 175
⑤竹内製作所（6432）
建設機械のベンツ？ 世界が絶賛する「メイドインジャパン」の底力 …… 176
⑥共和レザー（3553）
自動車用内装皮革で国内シェアナンバーワン。トヨタグループの優良児 …… 178
⑦フタバ産業（7241）
排気系部品で国内トップシェア。好調なトヨタグループから目が離せない …… 181
⑧三菱ケミカルグループ（4188）
国内最大の総合化学メーカー。SDGsへの積極的な取り組みにも注目 …… 183
飛躍が見込める期待株
今後の業績アップ&株価上昇に乗り遅れるな！ …… 185
⑨キャリアリンク（6070）
BPOが得意な人材派遣会社。

人手不足をチャンスにふたたび成長軌道へ …… 186

⑩安藤ハザマ（1719）
「国土強靭化」で追い風が吹く、大型土木を得意とする準大手ゼネコン …… 188

⑪エーワン精密（6156）
驚異の配当性向！　現場から信頼される工作機械用工具メーカー …… 191

⑫LIXIL（5938）
住宅設備の国内最大手。「負の遺産」の解消が株価上昇の号砲になる？ …… 193

長期保有したい安定成長株

一喜一憂の心配なし！　安心して保有できる優良銘柄 …… 196

⑬SUBARU（7270）
北米売上が絶好調、海外から信頼される日本を代表する自動車メーカー …… 197

⑭積水ハウス（1928）
国内第2位の住宅メーカー。海外企業の買収で、全米でも第5位の規模に成長 …… 199

⑮オリックス(8591)
多角的な事業を手がける総合金融サービス企業。
安定増配でキャッシュマシンをつくれ……201
⑯伯東(7433)
エレクトロニクスの専門商社。
世界的な半導体ブームで業績も配当も急上昇中……203
今後に期待の連続増配株
現在の利回りは低くても、これからグンと伸びていく?……205
⑰物語コーポレーション(3097)
食べ放題で人気の「焼肉きんぐ」を展開。株価はこの10年で10倍に上昇!……206
⑱ショーボンドホールディングス(1414)
インフラの補修・補強に特化。「国土強靭化」で成長を続ける国策テーマ株……208
⑲トランザクション(7818)
エコバッグやマイボトルを企画・販売。
環境意識の高まりを味方につけて業績は絶好調……210

⑳日本駐車場開発（2353）
駐車場運営からテーマパークまで。
インバウンドを追い風に、奇跡の復活はあるか？……212

第6章 初心者必見！「株で失敗する人の特徴」ワースト9

第9位 いきなり大金を投じる
まずは「死なないこと」を目指そう……217

第8位 余裕資金を残さない
現金がないと心の余裕も勝負どころのチャンスも失う……219

第7位 つねに相場を張っている
「休むも相場」という格言を知っていますか？……222

第6位　自分の勝ちパターンを知らない

売買したら必ず「振り返り」の時間を持とう …… 224

第5位　分散投資をしない

「卵はひとつのカゴに盛るな」は投資の大原則 …… 227

第4位　損切りをしない

脳科学でわかった初心者がハマりやすい「2つのバイアス」 …… 235

第3位　長期トレンドを味方にしない

ビギナーがプロの機関投資家に勝つ唯一の方法 …… 241

第2位　複利を味方につけない

アインシュタインも認めた原理原則を味方にせよ …… 244

第1位　投資の勉強をしない

個別株に投資するなら学ぶ努力は欠かせない …… 246

第7章

新NISAで「最高に豊かで自由な人生」を手に入れる

多くの人が見落としがちな「入金力」を高めることの大切さ …… 252

資産6億円の私が「FIRE」しない理由 …… 259

私が「専業投資家」にならない理由 …… 260

自営業だった父の背中から学んだこと …… 263

新NISAで未来の選択肢を増やそう …… 265

これから私が力を入れたい2つのこと …… 266

新NISAであなたの人生も変えられる …… 268

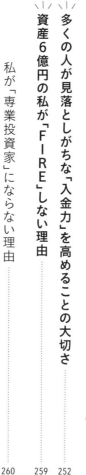

おわりに
成長投資枠の「成長」に込められた深い意味とは……270

・株式投資には一定のリスクがともないます。売買によって生まれた損失について、著者ならびに出版社は一切責任を持ちません。
・株式投資は自己責任の世界です。必ずご自身の判断、責任のもとで行なうようにしてください。
・相場は刻々と移り変わります。利回りなどの細かい数字や、チャートの動きについては、原稿を執筆している２０２４年３月１日時点のものであることをご承知おきください。

第1章

そもそも「新NISA」って何ですか？

新NISAになって何がどう変わったのか

2024年1月からスタートした新NISA。そもそも新NISAとは、どのような制度なのでしょうか。

念のため、基本をおさらいしておきましょう。

NISA（ニーサ）とは、ひと言でいえば「個人投資家のためにつくられた税制優遇制度」のこと。正式名称は、「少額投資非課税制度」といいます。

新NISAの前身にあたる「旧NISA」がスタートしたのが、2014年。旧NISAでは、成人が利用できる「一般NISA」「つみたてNISA」に加え、未成年が利用できる「ジュニアNISA」の3種類がありました。

新NISAでは、一般NISAとつみたてNISAが統合され、このジュニアNISAは廃止となりました。


NISAは「少額投資非課税制度」という名前のとおり、投資によって得られた利益が非課税になる制度です。

通常、株式や投資信託などを運用して得られた売却益（キャピタルゲイン）や配当金（インカムゲイン）には、約20％の税金がかかります（所得税15％＋住民税5％）。

たとえば、保有していた株が値上がりし、売却したところ20万円の利益が得られたとします。20万円の20％ですから、納税額は4万円。手取りは16万円になります。

しかし、この株をNISA口座で運用していた場合、次の図のように、20万円の利益をまるまる受け取ることができるのです。

あるいは、保有していた株から3万円の配当金が入ってきたとします。配当にも税金がかかりますから、手取りは3万－20％＝2万4000円になります。しかし、ＮＩＳＡ口座で運用していたら、税金はゼロになるのです。

　これだけ聞いても、**非常におトクな制度**だということが、おわかりいただけるのではないでしょうか。

新NISAでは税金がかからない

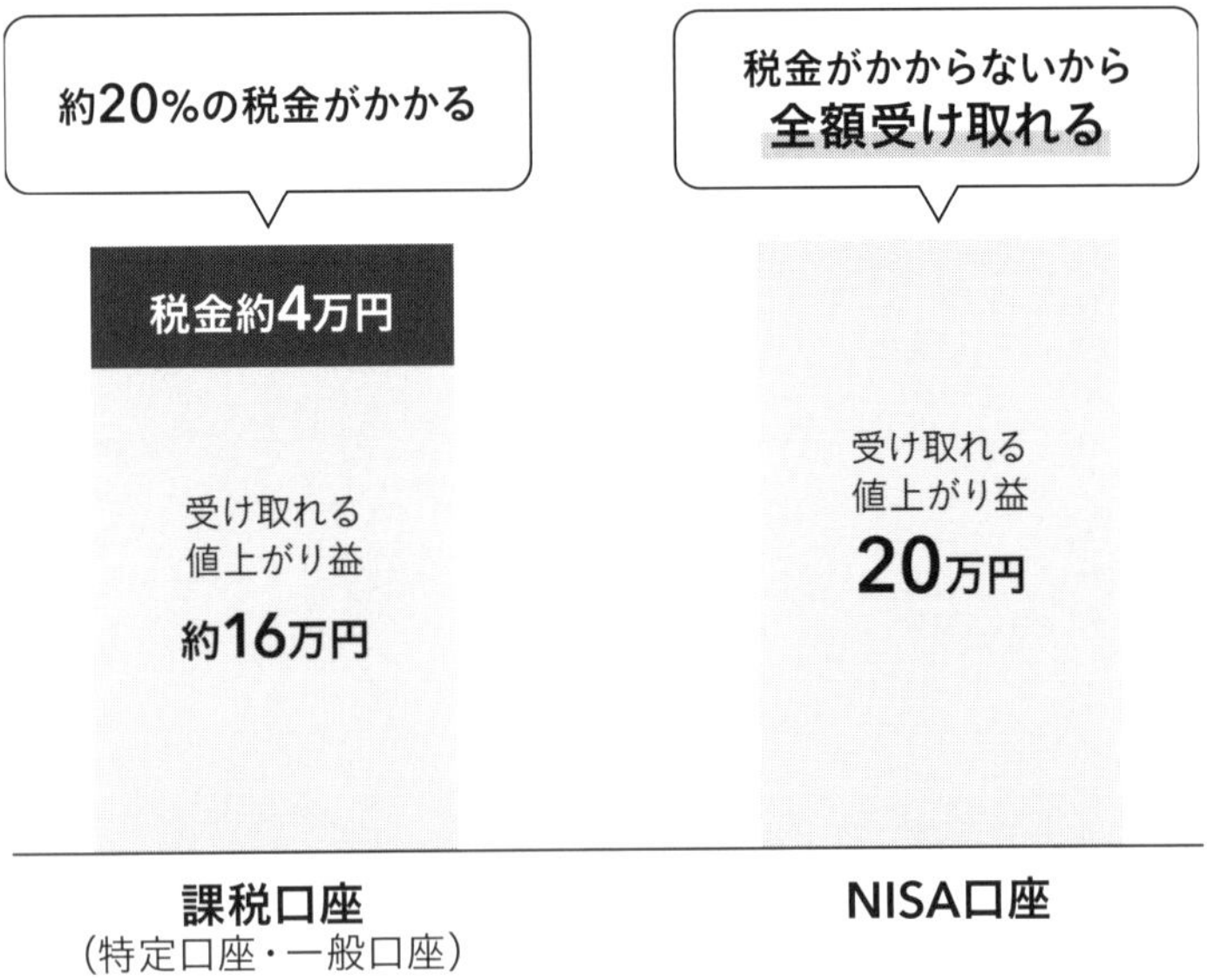

新NISAには「2つの枠」がある

新NISAには、以下の「2つの枠」があります。

①つみたて投資枠
②成長投資枠

①は、国が定めた条件をクリアした投資信託とETFの中から商品を選び、通常は毎月一定額、積み立てする枠です。年間、120万円まで投資できます。

②は、投資信託だけでなく、国内株式や外国株式など、幅広い商品に投資することができる枠です。こちらは積み立てだけでなく、一括で利用することも可能です。年間、240万円まで投資できます。

つまり①と②合わせて、最大で年間360万円まで投資できることになります。

新NISAで投資できる上限（生涯投資枠）は、①と②合わせて1800万円です。年間360万円ずつ投資していけば、最短5年で上限に達することになりますね。

注意点としては、成長投資枠は最大1200万円までという上限があることです。1800万円すべてを、成長投資枠にあてることはできません。

旧NISAと新NISAの比較

	旧NISA		2024年1月以降の新NISA	
	つみたて	一般	つみたて	成長
年間投資枠	40万円	120万円	**120万円**	**240万円**
非課税保有限度額	最大800万円	最大600万円	**1,800万円（買付価格ベース）** ※うち成長投資枠は1,200万円	
非課税保有期間	20年	5年	**無期限**	
口座開設	2023年まで		**いつでも可能**	

一方、つみたて投資枠には上限がありません。つまり、1800万円すべてをつみたて投資枠で埋めてもいいということです。

新NISAで押さえておきたい「6つの改正ポイント」

新NISAは旧NISAと比べると、はるかに使いやすくなりました。どんなところがバージョンアップしたのか、ポイントだけ見ていきましょう。

①NISA制度の恒久化

旧NISAでは当初、新たに投資できる期間が一般NISAは2023年まで、つみたてNISAは2037年までと決められていました。

いっぽう新NISAでは、制度が恒久化されました。これにより、期限を気にせず投資することができます。

②非課税期間が無期限に

旧NISAでは、一般NISAは5年間、つみたてNISAは20年間と、非課税期間に限りがありました。

新NISAでは、非課税期間も無期限になります。わかりやすくいえば、一度買ったものは倒産などなければ死ぬまで非課税、ということです。

③「生涯投資枠」の拡大

旧NISAでは、一般NISAは最大600万円、つみたてNISAは最大800万円が投資できる上限額でした。

新NISAになって、上限額が一気に1800万円まで引き上げられました（成長投資枠はうち1200万円まで）。

④「年間投資上限額」の拡大

旧NISAの場合、1年間に投資できる上限額は、一般NISAが120万円、つみたてNISAが40万円でした。

新ＮＩＳＡでは、つみたて投資枠と成長投資枠を合わせて、３６０万円を投資することができるようになりました。

⑤「つみたて投資枠」と「成長投資枠」の併用が可能に

旧ＮＩＳＡでは、「つみたてＮＩＳＡ」と「一般ＮＩＳＡ」のどちらか片方しか選べませんでした。

新ＮＩＳＡでは、「つみたて投資枠」と「成長投資枠」の併用が可能になり、より自由な運用ができるようになりました。

⑥資産を売却すると非課税投資枠が復活

旧ＮＩＳＡでは、非課税投資枠の再利用が認められていませんでした。

新ＮＩＳＡでは、保有している資産を売却すると、そのぶんの非課税投資枠が翌年以降に復活します。生涯投資枠１８００万円を使い切っても、その後売却を行うことであらためて枠が使えるので、生涯にわたって売買をくり返すことができるようになりました。

新NISA口座を開くならネット証券で

新NISAを始めるには、「NISA口座」を開設する必要があります。開設できるのは成人（18歳以上）のみ。**1人1口座**に限られています。

では、どこで口座を開けばよいのでしょうか。私は**「ネット証券一択」**とお伝えしています。中でも、次のどちらかを選んでおけば間違いないでしょう。

・SBIホールディングス（SBI証券）

・楽天証券

どちらもネット証券の大手で、口座数はSBIホールディングスが1196万件、楽天証券は1048万件（2024年1月現在）と、激しくしのぎを削っています。

ちなみに3位以下は、マネックス証券（256万件）、auカブコム証券（166万件）、松井証券（152万件）と続きます。

この数字からもわかるように、SBIホールディングスと楽天証券は、まさにネット証券の「2強」といってよいでしょう。

2023年には、2社とも国内株式の取引手数料無料化に踏み切りました。手数料の面でも、商品ラインナップの面でも、たいした違いはありません。ですので、最終的には個人の好みで選んでいいと思います。**ここで迷っているより、できるだけ早く一歩を踏み出すほうが大切です。**

私自身は、NISAではない個別枠投資のメイン口座は楽天証券を使っています。なぜなら、UI（ユーザーインターフェース）が優れていると思うからです。

とくに楽天証券が提供しているオンライントレーディングツール「マーケットスピード」は、いったん慣れてしまうと他のツールが使えなくなるといわれるほど、使い勝手がいいことで知られています。

一方、ＮＩＳＡ口座はあえてＳＢＩ証券で開設しています。新ＮＩＳＡは長期で運用することを前提にしているので、できるだけ「ほったらかし」にしたいと思ったからです。

もし、メインで使っている楽天証券でＮＩＳＡ口座をつくったら、つい気になってお隣りのＮＩＳＡ口座のタブをクリックして毎日のように見てしまうでしょう。含み損が発生しているのを知って売りたくなったり、ストレスを抱えたりするのを避けたかったのです。

このように、迷ったら2社とも口座を開いて、使い分けるのもいい方法だと思います。

ちなみに、対面型の証券会社や、銀行などの金融機関で口座を開くことはおすすめしません。ネット証券に比べて手数料が高いこと、そして営業マンに余計なものを買わされるおそれがあるからです。

多少面倒でも、自分で勉強してネット証券で口座を開くようにしてください。そのひと手間が、将来的に大きなリターンの差となって表れてきます。

つみたて投資枠のいちばん賢い使い方

新ＮＩＳＡには、「２つの枠」があるとお伝えしました。ここでは、つみたて投資枠の活用法について、簡単に解説していきたいと思います。

なぜ「簡単に」なのかというと、ここからお伝えすることは、書店に並んでいる他の本や、インターネットに無料で出ている情報と大きく変わらないからです。**本書でお伝えしたいことは他にたくさんありますので、ここで紙幅を割くわけにはいきません。**

買うべき商品はこの2つだけでいい

では、さっそく結論からまいりましょう。**つみたて投資枠**で買うべき商品は、以下の2つです。

・eMAXIS Slim 全世界株式（オール・カントリー）
・eMAXIS Slim 米国株式（S&P500）

前者は通称「オルカン」と呼ばれており、これ1本で全世界の株式に分散投資することができるインデックスファンド（特定の指数の値動きに連動する投資信託）です。日本をふくむ先進国・新興国の中～大型株、約3000銘柄で構成されています。

組み入れ上位の国は、米国がダントツ1位で約60％。以下、日本、イギリス、フランス、カナダと続きます。次のページに図で表しました。

後者は、米国株に分散投資できるインデックスファンドです。米国の代表的な企業500社から構成される、S&P500という指数に連動しています。

これ1本で、世界経済を牽引する米国のおもな企業を、まるごと買えるということで、こちらも人気を集めています。

組み入れ上位の銘柄は、マイクロソフトが約7%で1位。以下、アップル、エヌビディア、アマゾンドットコム、アルファベットA（グーグル）と続きます。

この2つのどちらを選ぶべきなのか、議論になっているのをよく見かけます。オルカン派、S&P500派、どちらの言い分にも一理あり、迷っている人も多いのではないでしょうか。

しかし、迷うあまり一歩踏み出せないくらいなら、次のようにシンプルに考えてください。

eMAXIS Slim 全世界株式(オール・カントリー)の組入上位国

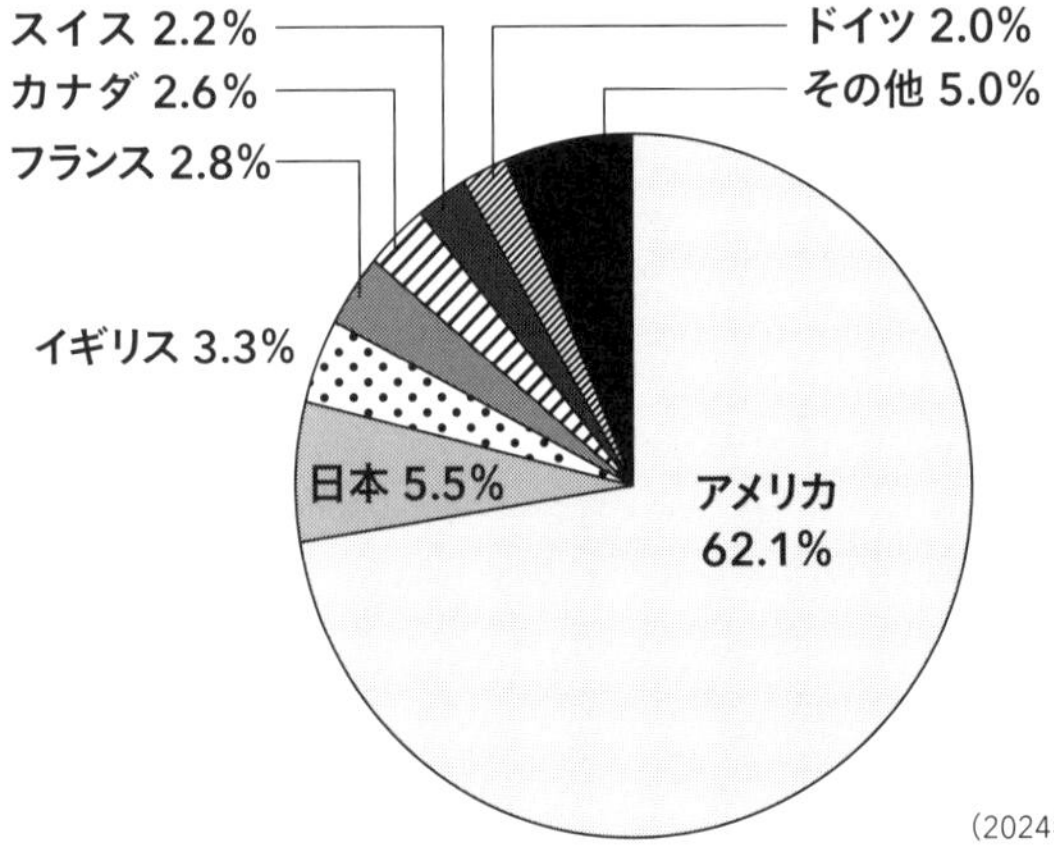

(2024年2月末時点)

eMAXIS Slim 米国株式(S&P500)の組入上位10銘柄

マイクロソフト	6.9%
アップル	6.1%
エヌビディア	4.4%
アマゾンドットコム	3.6%
メタ	2.5%
アルファベットA	2.1%
バークシャー・ハサウェイ	1.7%
イーライリリー・アンド・カンパニー	1.4%
ブロードコム	1.3%
アルファベットC	1.3%

(2024年2月末時点)

「米国の長期的な成長を信じるならS&P500、信じないならオルカン。」ただ、どちらを買っても過去50年はもうかった。

ただし、何十年後の未来のことなど、誰にもわかりません。一方で、少しでも早く投資を始めたほうが、複利の恩恵をより多く受けることができるのは、誰もがわかっている事実です。

ですから私は、みなさんにこうお伝えしています。

「迷ったら、オルカンとS&P500を半分ずつ買えばいいじゃん」

迷っているうちに、時間はどんどん過ぎていきます。それならいっそのこと、半分ずつ買っておけばいいのです。

それに、半分ずつ買っておけば、「あとで後悔する」というリスクを減らすことができます。

思ったほど米国が成長せず、オルカンのほうがパフォーマンスがよかった場合、つみたて投資枠をS&P500だけで埋めていた人は、多かれ少なかれ、後悔するはめになります。

逆もまたしかりです。米国がこのまま順調に成長をとげた場合、オルカン一択だった人は、やっぱり米国を信じていればよかった、と後悔するのではないでしょうか。

積み立て投資は、数十年にわたる長期投資が前提です。将来、年をとったときにそんな後悔はしたくないですよね。

メンタルへの打撃を回避する意味でも、「オルカンとS&P500を半分ずつ」という戦略は有効だと思うのです。

長期・分散・低コスト……これが積み立て投資の3原則

つみたて投資枠で運用する際、大事なのは次の3つです。

①長期
②分散
③低コスト

これだけ覚えておけば大丈夫です。

つみたて投資枠のいいところは、余計なことを考える必要がなく、極端にいえば「ほったらかし」でいいところです。**無駄に悩んだりしてしまうと、そのメリットが薄れてしまいます。**

まずは長期で運用すること。長期というのは数年ではなく、数十年単位を指します。

長期で運用するということは、時間を分散するということです。一度にまとめてドンと買ってしまうと、もしかしたら翌日、大暴落があるかもしれません。そうなると、元本割れしてしまう恐れがあります。

毎月、一定額をコツコツ買う。そうすることで、価格が高いときは少しだけ、価格が安いときはたくさん買うことができます。これを次のページの図のように**「ドルコスト平均法」**といいます。

その結果、購入価格が平準化されるので、積み立て期間が長ければ長いほどリスクに強くなるのです。

また、分散も重要です。たとえば、１００万円の資金をすべて1つの会社に投入したとします。もし、その会社が倒産でもした場合、１００万円はゼロになってしまいます。集中投資は当たったら大きいですが、外れたときのリスクが高すぎるのです。

そこで、**分散投資**です。１００万円の資金があったら、10万円ずつ、10社買えばいいのです。そうすれば、そのうち1社が倒産したとしても、ダメージは最小限に抑えることができます。

インデックスファンドの利点は、勝手に分散投資をしてくれるところです。

先ほど紹介したオルカンは、世界約3000社に分散投資できます。また、S&P500（eMAXIS Slim 米国株式）は、米国500社に分散投資できます。

つみたて投資枠で運用するなら、できるだけ多くの会社に分散投資してくれるファンドを選びましょう。

最後は、低コストです。つまり、運用する商品の手数料（信託報酬）ができるだけ安いものを選びましょう、ということです。ほんの少しの違いでも、将来的には大きなリターンの差になるからです。

「ドルコスト平均法」の仕組み

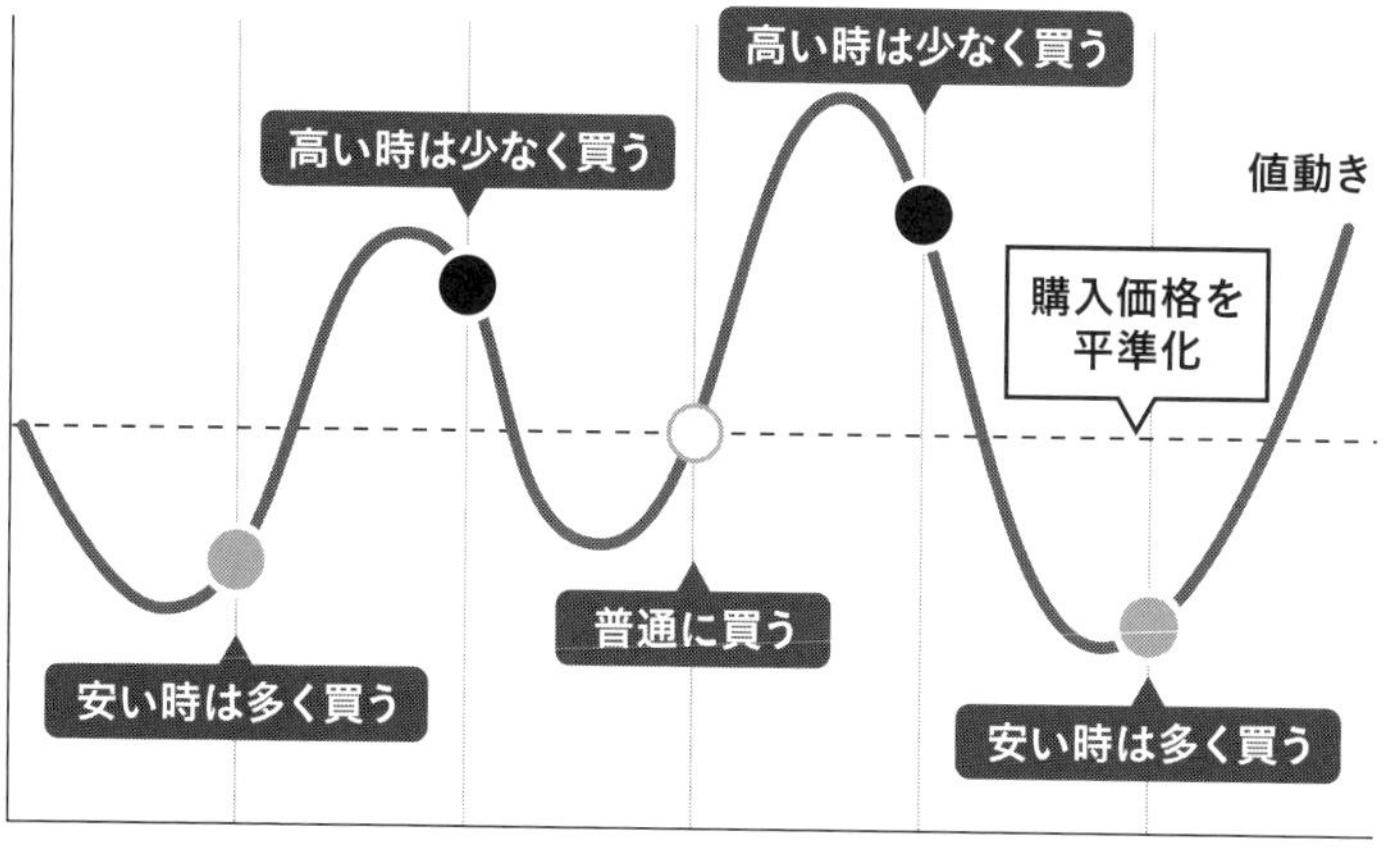

ここでも、先ほど紹介したインデックスファンドが最適解になります。オルカンの手数料は、0・057%。S&P500は、0・093%。数あるファンドの中でも、最低水準の運用コストです。

　コストの面を見ても、この2つのインデックスファンドが「最強」といえるのです。なお、銀行の窓口で紹介される投資信託には手数料3%以上のものもあるので、気をつけましょう。

手数料の違いでこんなに差がつく

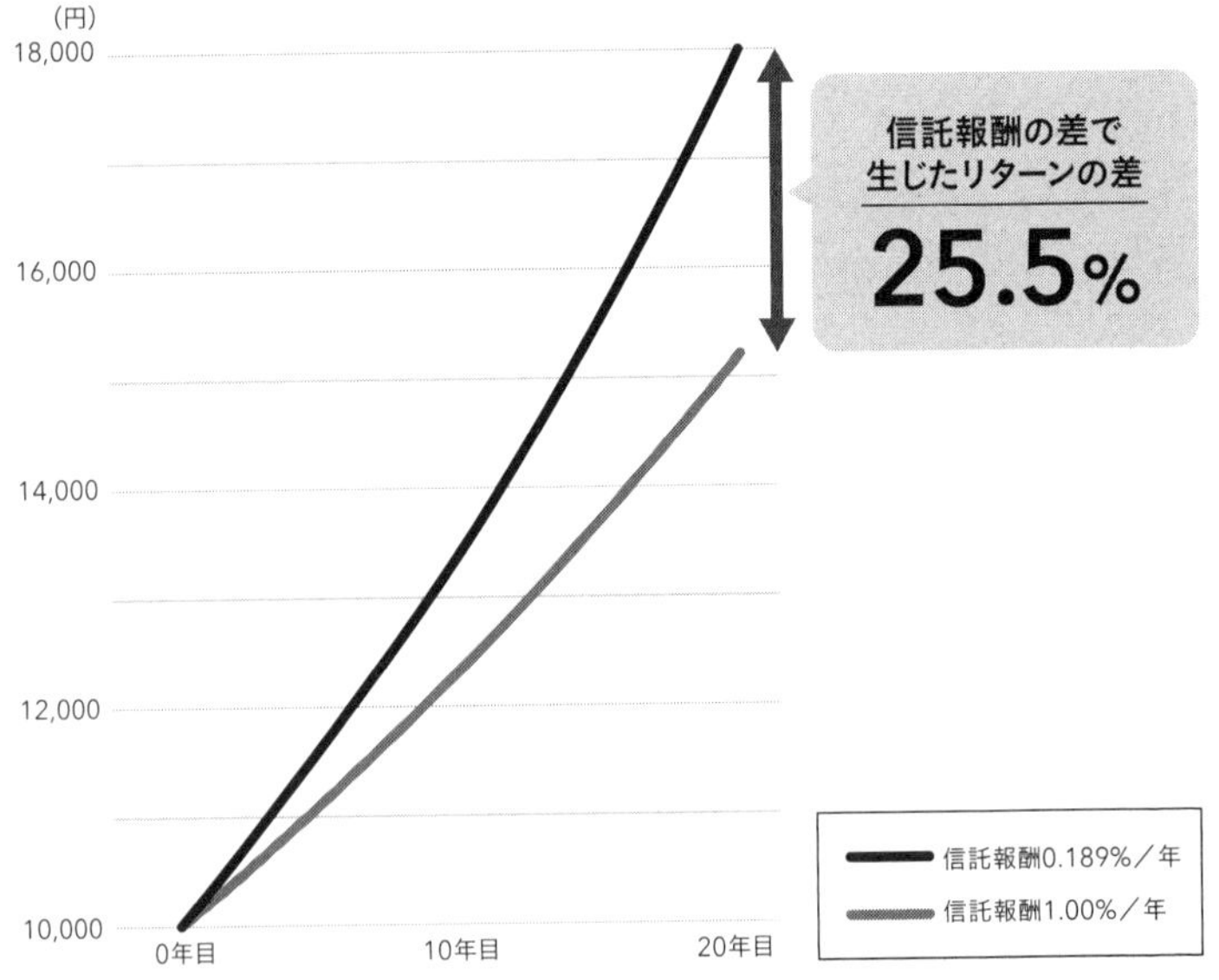

新ＮＩＳＡの「お手本」はある国の成功事例

じつは新ＮＩＳＡには、お手本となった成功事例が存在します。イギリスのＩＳＡ《アイサ》（Individual Savings Account＝個人貯蓄口座）と呼ばれる制度です。

ＮＩＳＡという名称も、このＩＳＡから来ています。「ＮＩＰＯＮＮ」の頭文字「Ｎ」をとって、ＮＩＳＡ（＝日本版ＩＳＡ）と名づけられたのです。

ＩＳＡがスタートしたのは、日本のＮＩＳＡより15年早い１９９９年。以降、口座数は右肩上がりに増えつづけ、２０２１年のデータでは２７００万口座を超えています。

２７００万口座といえば、イギリスの成人の約半数が保有している計算になります。この数字を日本の人口にあてはめると、なんと５０００万口座を超える規模です。

日本のＮＩＳＡ口座数が約１４００万口座（２０２４年2月末時点）ということを考えると、いかにイギリス人にとってＩＳＡが当たり前のものになっているか、実感できるのではないでしょうか。

新ＮＩＳＡはこれからもっと使いやすい制度になっていく？

新ＮＩＳＡで大幅な制度拡充に踏み切ったのは、そんなイギリスに追いつこうとする意図が透けて見えます。

たとえば、新ＮＩＳＡでは非課税期間が恒久化されましたが、すでにＩＳＡは２００８年に非課税期間を恒久化しています。それが追い風となって、口座数が急増したという実績があります。

また、新ＮＩＳＡでは、年間投資枠がつみたて投資枠・成長投資枠合わせて３６０万円に拡充されました。

ISAも制度がスタートした当初は7000ポンド（約133万円）にすぎませんでしたが、投資枠の引き上げを何度かくり返し、2017年には2万ポンド（約380万円）まで拡大しています。

このように新NISAは、ISAの制度内容を少し遅れて取り入れていることがわかります。逆に言えば、ISAは新NISAの未来を先取りしているといえるでしょう。

ただし、ISAとNISAでは、似ているようで違う部分もあります。

もっとも大きな違いは、ISAの場合、生涯投資枠（非課税保有限度額）が無制限である点です。日本も新NISAになって、生涯投資枠が1800万円に大きく拡充されましたが、イギリスにはそもそも天井が存在しないのです。

仮に、年間上限の2万ポンドを40年間積み立てたとしたら、元本だけで80万ポンド（約1億5200万円）になります。ここから生み出される配当益、売却益がすべて無税になるわけですから、相当なインパクトです。

先ほど述べたように、NISAはISAをお手本にしてつくられています。ということは、いずれNISAも1800万円の生涯投資枠が撤廃される可能性があります。

新NISAはおそらくまだ完成形ではなく、将来的にさらに制度が拡充し、**投資家にとって有利で使いやすい制度になっていく**ことが期待できるのです。

最近、イギリスではこんなニュースが話題になっています。

ISAがスタートした初期から資産形成をしている人の中から、口座の資産残高が100万ポンド（約1億9000万円）を超える「ISAミリオネア」が相次いで誕生しているというのです。

イギリスが日本の未来を先取りしていると考えると、これから日本でも「新NISAミリオネア」が続々と誕生するかもしれません。夢がふくらんできませんか？

今、この本を読んでいるみなさんの中からも、「新NISAミリオネア」が現れるかもしれないのです。あなたがその一人になるためにも、この絶好のチャンスを、ぜひ逃さないようにしてください。

第2章

新NISA、「積み立て投資だけ」で本当にいいの？

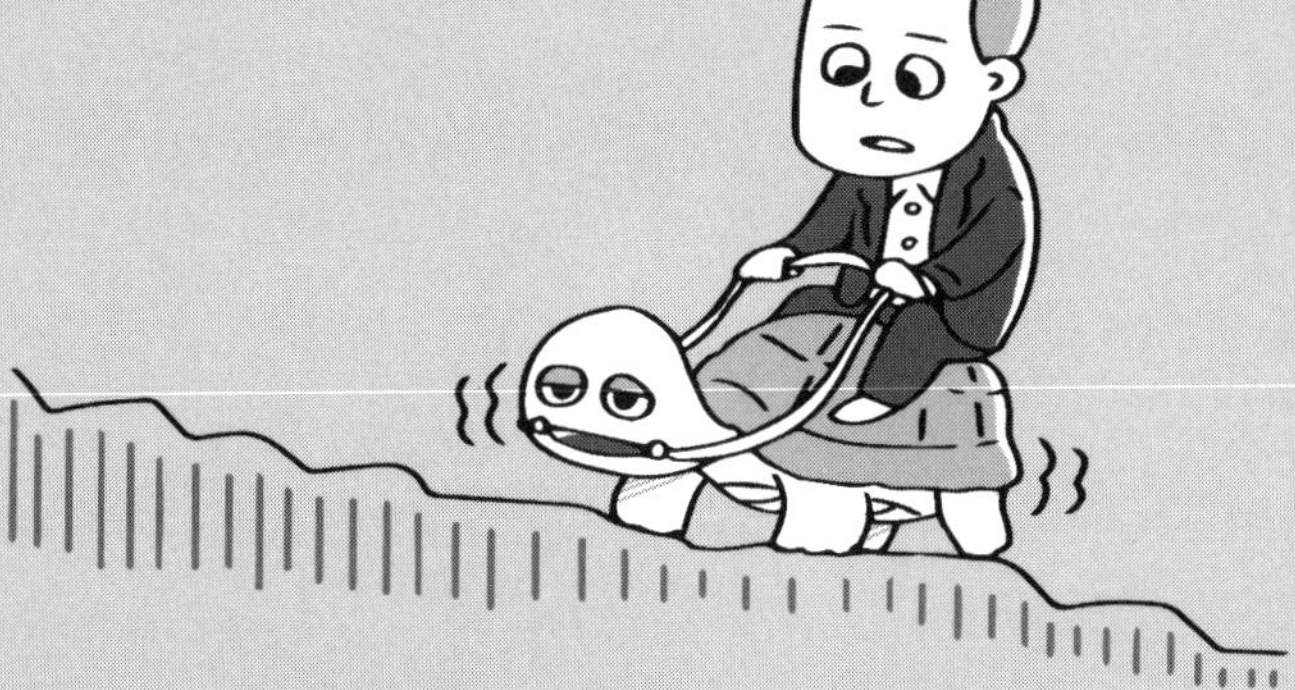

「オルカン一択」では、小金持ちになれるが大金持ちにはなれない

前章では、新NISAの制度説明と、つみたて投資枠の賢い使い方についてお話ししました。ここまでは、巷《ちまた》の「新NISA本」に書かれていることと、大きな違いはありません。現に、この本を書く際にベンチマークとして4冊ほど新NISAの本を読みましたが、なんとすべて、まったく同じことが書いてありました。

ここからが、いよいよ他の本にはない本題です。

私は「はじめに」で、「オルカン一択」「S&P500最強」という昨今の風潮

に疑問を投げかけました。

そして、日本の個別株に投資することをおすすめしました。成長投資枠を上限まで使って日本株を売買し、残ったつみたて投資枠でオルカンなりＳ＆Ｐ５００なりを積み立てる戦略です。

なぜ、私はこの「二刀流」をみなさんにおすすめするのか。本章では、その理由をお伝えしていきたいと思います。

まずは、「はじめに」でお伝えした、積み立て投資の「３つの弱点」を思い出してください。

①投資のスキルが身につかない
②インデックスのスピード以上に資産が増えない
③長期間の退屈さに人は耐えられない

それぞれ１つずつ解説していきましょう。

積み立て投資の弱点① 投資のスキルが身につかない

積み立て投資のいいところは、「手間がかからない」ところです。

別名「ほったらかし投資」とも呼ばれるように、左の図のようなチャートや決算書をチェックしたり、売買のタイミングを考えたり、トレンドの流れを読んだりする必要はありません。

いったん「オルカンを毎月3万円買う」と設定したら、証券会社が口座から自動的に引き落としてくれます。オルカンを買うか、S&P500を買うかで、最初に少し悩むくらいで、あとは半永久的に「ほったらかし」でいいのです。

仕事や育児などに追われていて、投資に時間を割くことができない、投資の勉強をする余裕なんてないという人には、ありがたいしくみでしょう。

しかし、メリットの裏には、必ずデメリットがあります。「手間がかからない」というメリットの裏には、「投資のスキルが身につかない」というデメリットが

あるのです。

投資家には、さまざまな種類のスキルが必要です。

・資金管理
・未来予測
・決断力
・孤独との闘い
・メンタルの強さ
・防衛力
・再現性の追求
・自己統制
・市場調査

チャートの例（日経平均株価）

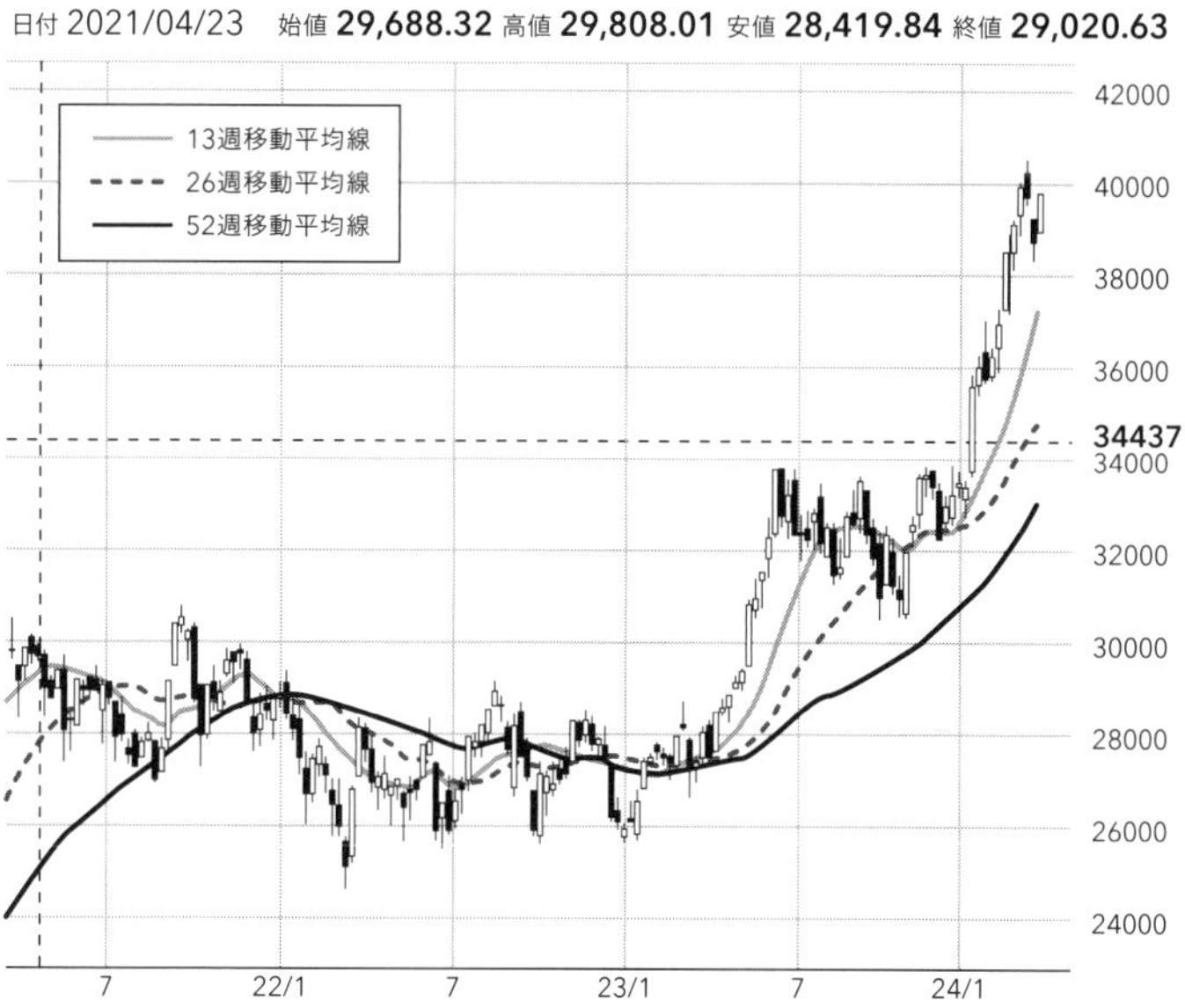

これらを伸ばすことで、「勝てる投資家」になることができます。

さらに、このスキルはふだんの仕事にも活かすことができます。私は現在、3つの会社を経営していますが、株式投資は会社を経営するのとまったく同じだな、とつくづく思います。

もちろん、積み立て投資で得られるスキルもあります。しかし、それはあくまで「積み立て投資のスキル」であって、**勝てる投資家になれるスキルとはまったく別もの**です。

積み立て投資で得られるスキルは、たとえば次のようなものです。

・継続力
・がまん強さ

こうしたスキルが、まったく意味のないものとは言いません。「二刀流」で運用するなら、身につけておくべきでしょう。ただし、何度もいいますが、これだけでは勝てる投資家にはなれません。

積み立てるなら、お金よりも**「投資の経験」を積み立てたほうがいい**と私は思っています。身につけたスキルや経験は夫婦で共有したり、お子様にも伝えていくことができます。特に子どもへの金融教育は、今後は学校まかせではなく、親の役割が大きくなると私は考えています。

経験もお金と同じように、複利で増えていきます。昨日、身につけた知識やスキルが、今日の自分に活かされて、また明日の糧になるのです。そうして、成長はどんどん加速していきます。

たとえば、2人の投資未経験者がいるとします。Aさんは積み立て投資を、Bさんは個別株投資を選びました。

2人ともゼロからスタートして、Aさんはお金を積み立てていきました。Bさんは経験を積み立てていきました。

もし、Bさんが1日1％成長することができたら、1年後には何倍になっていると思いますか？

なんと、37・78倍になります。たった1年で、レベル0のビギナーから、レベル37の中級者にレベルアップできるということです。

一方、Aさんは、レベル1程度のままです。その差はこれからも、どんどん開いていくでしょう。

若いうちに身につけた投資のスキルは、一生モノの武器になります。そう考えると、積み立て投資しかやらないのは、大きな機会損失といえるのではないでしょうか。

積み立て投資の弱点②
インデックスのスピード以上に資産が増えない

積み立て投資のいいところとして、「ローリスクである」という面も挙げられます。

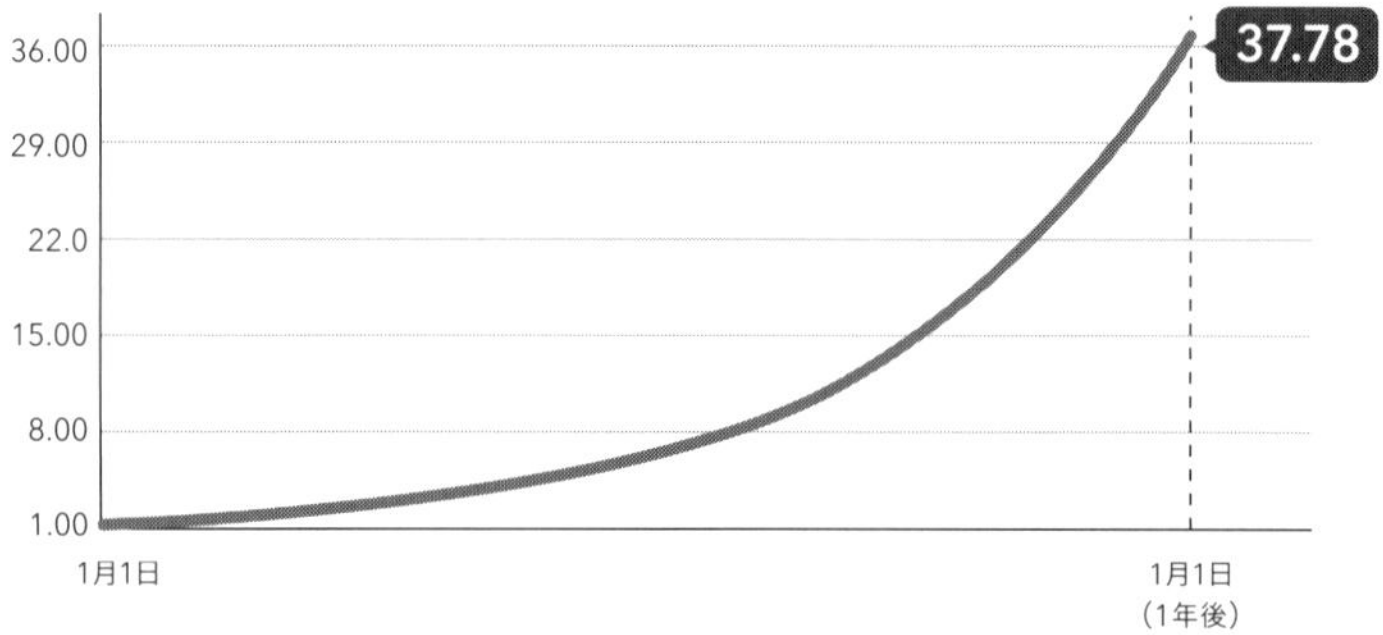

1日1%の成長でこんなにレベルアップできる

インデックスファンドは指数に連動するので、オルカンなら世界が成長していく限り、S&P500なら米国が成長していく限り、資産は増えていくことになります。

もちろん、投資であることに変わりないので、「ノーリスク」はありえません。コロナショックのときのように、思わぬ理由で世界経済がマイナスに振れることもあるでしょう。

しかし、それは一時的なものです。長期で見れば、世界も米国も成長し続けています。倒産で紙切れになってしまう個別株投資と比べれば、ローリスクであることは間違いないでしょう。

絶対に損をしたくないと考える人には、ぴったりの投資法かもしれません。

しかし、ローリスクということは、裏を返せば「ローリターン」であるということを忘れてはいけません。

これは、**相場の世界では絶対的なセオリー**です。ローリスクな金融商品は、一部の超富裕層をのぞいて基本的にはローリターンしか見込めないのです。

もし、「ローリスク・ハイリターン」を謳う商品があったら、それは詐欺だと思ったほうがいいでしょう。

とはいえ、ハイリターンを求めてハイリスクを取れ、と言いたいわけではありません。

ハイリスクといえば、ビットコインなどの暗号資産や、レバレッジをかけられるＦＸや先物取引が挙げられます。

こうした商品は、そもそも新ＮＩＳＡでは運用することはできません。

なぜなら、競馬や宝くじのようにギャンブルみたいなものだからです。ハイリターンを得られる可能性はありますが、ゼロになる可能性もあります。

偶然による作用が大きく、自分の意思や努力で結果をコントロールすることができません。つまり、**再現性がない**ということです。再現性のないものを、投資と呼ぶことはできません。

そんな私も、若いころの一時期、ＦＸをやっていたことがあります。しかし、一夜にして大損し、それでＦＸに懲《こ》りて株式投資を始めた、という苦い経験があります。

私がおすすめする戦略は、ローリスクでもハイリスクでもない、「ミドルリスク・ミドルリターン」です。

オルカンやS&P500などのインデックスファンドは、当然ですが、指数以上のスピードで資産が増えることはありません。**市場の平均しか取れない**、ということです。

利回りでいえば、オルカンなら6%、S&P500なら8%といったところでしょうか。もちろん、それで十分だという人もいるでしょう。

でも、それ以上にリターンを得ようと思うなら、**自分のスキルを高めて平均以上を取っていく**しかありません。

積み立て投資の弱点③　長期間の退屈さに人は耐えられない

意外かもしれませんが、これが積み立て投資のもっとも致命的な弱点だと思います。

積み立て投資は、基本的に**「苦行」**だと私は思っています。

何十年もの間、他の投資には目もくれず、同じことをコツコツくり返す。どんなことがあってもめげずに継続する。未来を信じて、毎月お金が引き落とされることに耐える。

積み立て投資は、みなさんが想像している以上に地味な作業です。この退屈さに耐えられる人がどれほどいるのでしょうか。

「○歳の人が○年間、月○万円を積み立てたらこうなる」

左のようなシミュレーションのグラフを、目にしたことがあると思います。**しかし、本当にシミュレーションどおりにできる人が、どれだけいるのでしょうか。**私は疑問に感じています。

そもそも人間は、そんなふうにできていないと思います。

たとえば今後、バブル期のような日本株ブームが到来するかもしれません。日経平均株価が4万円を超え、誰もが日本株の恩恵に酔いしれる。そんな場面が訪れるかもしれません。

そんなときでも、インデックスファンドの積み立てをコツコツ続けられるでしょうか。「億り人」が続々と誕生するのを横目にしながら、耐えることができるでしょうか。

そして長い人生、途中で「飽きる」ことはないのでしょうか。他のことにチャレンジしてみたくならないでしょうか。

それに、積み立て投資は複利で増えることを前提

「つみたてNISA」と「新NISA（月3万円×50年）」のシミュレーション（年3%運用）

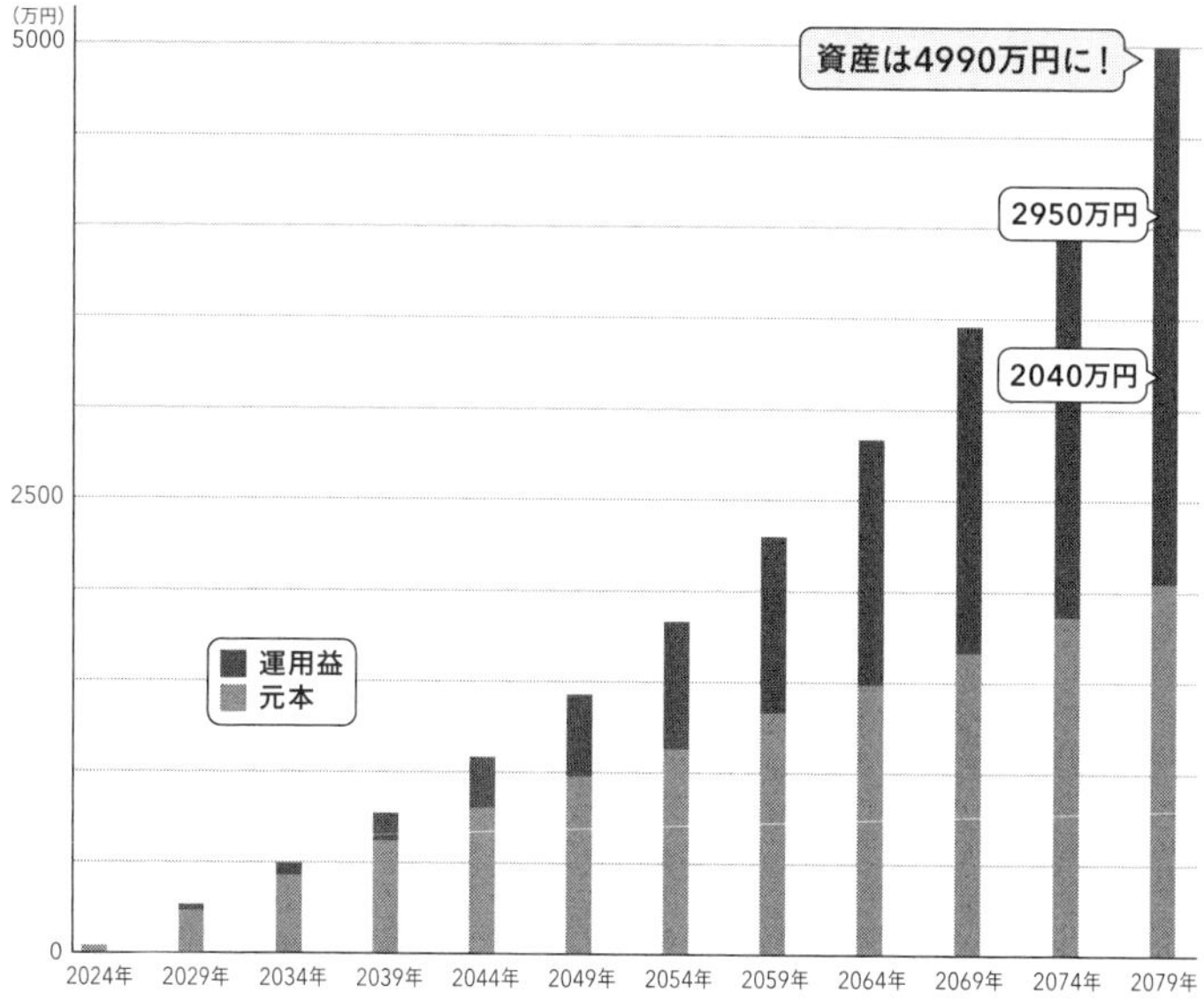

にしていますから、最初のうちは資産が劇的に増えることはありません。実際、「この程度だったら、やらなくてもいいや」と、途中で積み立てをやめてしまう人も多いそうです。金融庁が発表したデータによれば、個人投資家の多くは約3年で、自ら投資をやめてしまいます。それはなぜかというと、銀行や証券会社、あるいはメディアなどに踊らされて投資を始めているからです。

自ら学んで、自らの腹に落としていない。つまり腹落ちしていないので、急落であったり、前提条件が崩れたときに、慌てて退場したり損切りをしてしまうことが多いのです。

それは非常にもったいないことですが、何十年という長期にわたって積み立て投資を継続することは、みなさんが想像している以上に難しいものです。ある意味、「つみたて力」とでもいうべき、特別な能力が必要です。

そんな「苦行」に、あなたは耐えられますか？　少なくとも、私は耐えられそうにありません。

「インデックスファンドの積み立て」が日本でもてはやされる4つの理由

以上、積み立て投資の「3つの弱点」を解説してきました。

意外と多くの人が見落としている点ではないでしょうか。実際、新NISAについて語っている書籍や、インターネットの記事などで、こうした指摘を見かけたことはほとんどありません。

どんな投資法にも、必ず一長一短があります。「これさえやっていれば間違いない」という、唯一絶対の投資法はこの世にありません。

にもかかわらず、誰もがこぞって「インデックスファンドの積み立て」をすすめる風潮があります。いったいどうしてなのでしょうか。

私なりに分析してみました。理由は大きく4つあります。

①国から預貯金を推奨されてきたから

戦後から高度経済成長期にかけて、われわれ日本人は国から預貯金を奨励されてきました。

身を粉にして会社で働き、稼いだお金で妻子を養い、マイホームを買う。残ったお金はムダ使いせず、銀行や郵便局などに預ける。それが、美徳とされてきました。

その結果、日本は「一億総中流社会」と呼ばれる、安定した社会を築くことができました。

そして、私たちの預貯金、とくに当時は国有だった郵便貯金を、国が財政投融資として積極的に使いました。そのおかげで、日本は世界が驚くような発展を遂げたのです。

昭和の時代に国が預貯金を奨励したのは、**日本を戦争から復興させ、国民の生活をまず安定させて、経済大国にしたいという思惑**があったわけです。

　しかし、時代は令和になり、社会構造も大きく変わりました。にもかかわらず、「コツコツお金を貯めることが美徳である」という、いわば「預貯金マインド」を日本人は引きずっているような気がします。

　このことが、「インデックスファンドをコツコツ積み立てるのが正しい」という風潮に影響しているのではないでしょうか。

②バブル崩壊を経験しているから

　いわゆる「バブル崩壊」も日本人に暗い影を落としているように思います。

　バブル絶頂と呼ばれた1989年、日経平均株価は、史上最高値の3万8915円をつけました。

　このときをピークに徐々に陰りが見え始め、1991年、ついにバブルは崩壊します。そして、日本経済は長期低迷におちいりました。

　当時、事業投資や株式投資をしていた人の中には、多額の借金を抱えたり、自宅を手放したり、中にはみずから命を絶ったり、壮絶な経験をした人たちがいました。

こうした経験をした人たちは、おそらく「絶対に投資なんてしてはいけない」という教育を子どもたちにしたでしょう。その子どもたちが現在、社会の中心として活躍している世代なのです。

バブル崩壊で苦しんだ親の背中を見てきた人、投資は怖いものだと教えられてきた人にとっては、株というのはトラウマそのものです。

そのため預貯金か、あるいはちょっと冒険して「インデックスファンドをコツコツ積み立てる」という道を選ぶことになるのではないでしょうか。

③デフレが続いてきたから

私の持論として、米国で株式投資をする人が多いのは、金融教育がすばらしいからではなく米国がインフレ社会だから、という理由が挙げられます。

たとえば1万円の預貯金があったとして、物価が3割上がったとします。今まで1万円で買えていたものが、1万3000円になったということです。

ということはつまり、1万円の預貯金の価値は、相対的に約24％目減りしたということになります。

米国では、今もモノの値段がどんどん上がっています。たとえば、日本では500円の「丸亀製麺」のきつねうどんが、ニューヨークでは1500円もするほどです。

日本では1000円の「大戸屋」のしまほっけ定食は、ニューヨークではなんと5000円もするといいます。

預貯金だけでは、昨日買えたものが買えなくなってしまう。だから米国では、投資をしてインフレについていく、つまりお金にも働かせる動きが盛んなのです。

一方、日本はバブル崩壊後、デフレに苦しんできました。モノの値段が下がるということは、預貯金を放っておいても目減りしないどころか、相対的に増えることになります。銀行の金利が1年で数円しか増えないのに、人々が幸せでいられた理由です。

株価も低迷している状況なら、無理して投資をする必要はないと判断する人が多くなるのも致し方ないでしょう。

ところが、最近の日本はインフレ傾向にあります。国家戦略として、脱デフレを進めているのです。

実際、私が住んでいる地域でも、かつては街中に100円ショップが乱立していましたが、最近ではすっかり見かけなくなりました。

マクドナルドのハンバーガーも、2002年には59円という異常な安さでしたが、現在では3倍近くの170円に値上がりしています。

この調子でインフレが進んでいけば、**何もしなければ預貯金の価値はどんどん減っていきます。**だからこそ積極的に投資をして、**物価の上昇率に追いつく**必要があるのです。

④お金の教育を受けていないから

日本人は「金融リテラシー」が低いとよく言われています。金融リテラシーとは、ひと言でいえば「お金に関する知識」のことで、おもに以下の4つの種類があります。

・家計管理
・生活設計
・金融、経済知識や適切な金融商品の選択
・外部の知見（専門家）の適切な活用

日本人は諸外国と比べて、3番めの「金融、経済知識や適切な金融商品の選択」が弱いと言われています。

実際、金融広報中央委員会の調査（2019年）によると、「金融知識に自信がある」と答えた人の割合は、米国人が76％、対して日本人は12％と、大きく差をつけられています。

新NISAはどう考えてもおトクな制度なのに、投資は怖いとか、ギャンブルだとか、ネガティブにとらえる考え方もいまだに残っています。

なぜ、日本と米国で、ここまで差がついてしまったのでしょうか。

それは、ズバリ**お金との付き合いかたのせい**だと思います。学校教育にしろ親の教育にしろ、日本人は子どもの金融リテラシーを伸ばす努力を怠ってきました。

米国では小学生のころから、お金の稼ぎ方、使い方、貯め方、借り方、投資のしかたなど、お金についてさまざまなことを学びます。

一方、みなさんは子どものころ、学校や両親からお金について学んだことはあるでしょうか。おそらく、記憶にないと答える人が大半を占めるのではないでしょうか。

さすがにこれではマズいと思ったのか、遅ればせながら最近、日本の学校でも金融教育が取り入れられるようになりました。2022年からは、高校での金融教育が義務化されています。

しかし、誰が子どもたちに教えているのかが問題です。高校で金融教育の授業を教えているのは、じつは家庭科の先生です。個人差はあると思いますが、専門知識のない家庭科の先生が付け焼き刃で教えても、どこまで効果があるのか疑問です。

親御さんも、自分の子どもにお金の教育をしているでしょうか。そもそも、ふだんからお金の話をオープンにしているでしょうか。

「お金の話をするなんてはしたない」

意識するしないにかかわらず、そんなふうにとらえている親御さんもいまだに多くいます。

日本で「インデックスファンドのコツコツ積み立て」が奨励されるのは、こうした金融リテラシーの低さも関係しているように思います。積み立て投資は、高度な金融リテラシーを求められない投資法だからです。

金融リテラシーを高めれば、もう一歩先に進むことができるのに、積み立てで十分と自分にブレーキをかけてしまう。それが、**「オルカン一択」の正体**ではないでしょうか。

ここまで、「インデックスファンドの積み立て」が日本でもてはやされる理由をお伝えしてきました。

みなさんの意識を変えるために、あえて厳しいことを申し上げました。もし、気を悪くされた方がいらっしゃったら申し訳ありません。

一方で、変化の兆しが見え始めているのも確かです。

1990年代始めのバブル崩壊や、2008年のリーマンショックや、マクドナルドのハンバーガーが59円だった時代を知らない、**純粋無垢な投資層**が生まれ始めているからです。

物心ついたころにはアベノミクスが始まっていた。政府が株式投資を奨励していたし、両親も株式投資を楽しんでいた。そんな時代に育った彼ら、彼女らが相場に参入してきたら、日本株ブームが到来するかもしれません。

新NISAがそのきっかけになることを、私は期待しています。

「インデックス積み立て投資で1億円」は本当なのか？

「新NISAで1億円をつくる」

最近、インターネットなどで、こうした煽《あお》り文句をよく見かけるようになりました。しかし、よくよく読んでみると、そこには「からくり」があることがわかります。

まず、次の図をご覧ください。この図は、新NISA口座で30歳から毎月5万円を積み立て投資した場合のシミュレーションです。

年間投資額は60万円。30年間、つまり60歳のときに生涯投資枠の1800万円に達します。仮に年利5％で回していれば、複利効果がはたらき資産は4161万円になっている見込みです。

「たしかにすごい金額だけど、1億円には遠いじゃないか」

そう思った方もいるでしょう。しかし、話はここで終わりません。

その後、4161万円の資産を60歳から100歳まで、年利5%で運用しながら取り崩していくとします。受け取れる額は、月々19・7万円、年間236万円を取り崩すことができます。

40年間の総額は約9440万円。まさに天国に召される直後に約1億円を受け取ることができる、という話なのです。


新NISAで30歳からつみたてたシミュレーション

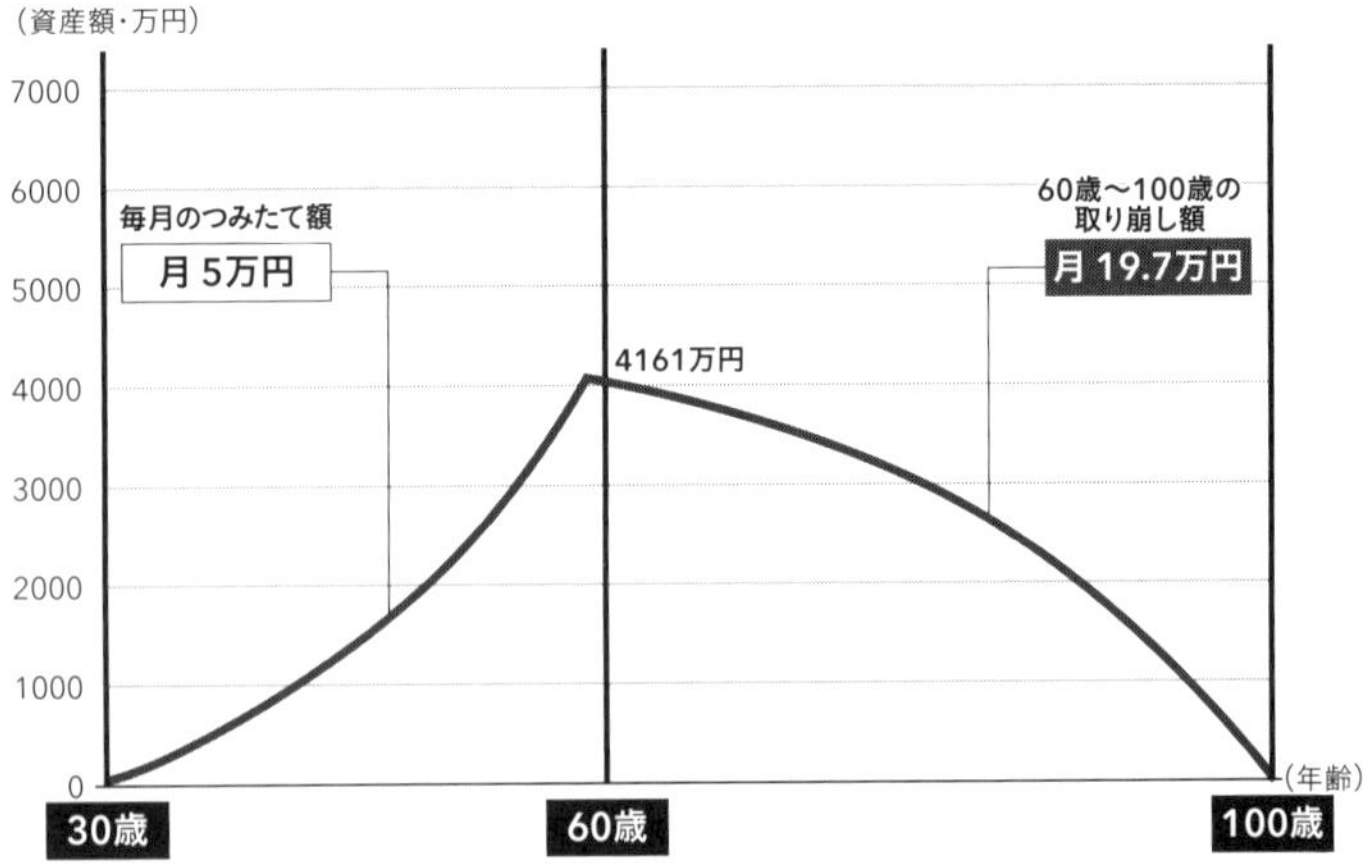

「新NISAで1億円」の落とし穴とは

なるほど、「新NISAで1億円をつくる」というのは、決してウソではありません。しかし、あくまで**「取り崩し期間も含めた、70年間の総額が1億円」**ということです。

自分の口座に、実際に1億円が入るわけではありません。ピーク時で4000万円ちょっとです。

これをどうとらえるかは、人によってさまざまでしょう。

「老後に1億円もらえるなら、死ぬまでお金に困ることはない。年金が減っても、想定以上に長生きしても安心だ」

そう考える人は、積み立て投資を選べばいいと思います。銀行に預けているよりはよっぽどマシです。私は積み立てNISAそのものは否定していません。

むしろ、全日本人がやるべきだと考えています。

しかし私は、「本当にこのシミュレーションどおりいくのだろうか？」と疑問を感じてしまいます。理由は3つあります。

1つめは、**誰もが100歳まで生きるとはかぎらない**ということです。

厚生労働省の最新発表によると、男性の平均寿命は81・05歳、女性の平均寿命は87・09歳だそうです。もし平均寿命で亡くなると仮定するなら、男性は4956万円、女性は6372万円しか受け取ることができません。

また、介護の必要がなく、健康的に日常生活を送ることができる期間を示す「健康寿命」は、男性が72・68歳、女性は75・38歳だそうです。

おいしいものを食べたり、海外旅行に行ったり、お金を使って楽しめる期間は、それほど長くないかもしれない、ということです。

人生100年時代という言葉がひとり歩きしています。しかし、私の母は、私が3歳のときに亡くなりました。だから私には、「人はいつ死んでもおかしくない」という思いが根底にあります。

いつ死ぬかわからない人生で、「70年間で1億円」というのはやや悠長すぎるのではないでしょうか。

2つめは、年齢の問題です。

このシミュレーションは、30歳から投資を始めることを前提にしています。でも、全員が全員、30歳から始めることができるとは限りません。

私はもうすぐ50歳を迎えます。そんな私がこのシミュレーションどおりに積み立て投資をした場合、1億円を受け取ることができるのは120歳です。残念ながら、この世にはいないでしょう。

積み立て投資の最大の武器は「時間」です。時間を味方につけることのできる人、つまり年齢の若い人は積み立て投資を有利に運ぶことができます。100歳まで生きて、1億円を得ることができるかもしれません。

しかし、40代、50代と年齢が高くなるにつれ、積み立て投資はどんどん不利になっていきます。

年齢という条件を無視して、「誰でも新NISAで1億円」と謳うのは、ややミスリードといえるのではないでしょうか。

3つめは、先ほどお伝えしたように、積み立て投資はみなさんが想像している以上に退屈である、ということです。

30歳から60歳までの30年間といえば、人生の全盛期とでも呼べる期間です。人によっては転職したり、独立したり、あるいは結婚したり、子どもが生まれたりと、大切なものや価値観が大きく変化する期間でもあります。

その中で、毎月5万円を延々と積み立てる「苦行」に耐え、ようやく果実を手に入れることができるのは、高齢者に片足を突っ込んだころ。

夢がないなと感じますし、「本当にみんな続けられるのか?」という疑問も浮かんできます。きっと多くの人が途中で脱落するのではないでしょうか。

「新NISAで1億円」と聞くと、条件反射的に「それはすごい!」と思ってしまいがちです。でも、中身をよく見てみると、こうした「からくり」が潜んでいることがあります。

くれぐれもご自身で精査するようにしてください。

みんな「不安ベース」で新NISAを使っている

本章では、新NISAで積み立て投資をすることのデメリットや思わぬ落とし穴をお伝えしてきました。

くり返しますが、私は積み立て投資を否定しているわけではありません。インデックスファンドに長期分散投資をするのは、理にかなった優れた投資法であることは間違いありません。

そもそも、新NISAの成長投資枠には1200万円という上限がありますから、誰でも最低600万円はつみたて投資枠で埋めることになります。

個別株投資をすすめている私も、600万円分はオルカンかS&P500のインデックスファンドに投資しようと考えています。

問題なのは、自分の頭でメリット・デメリットを考えることなく、「インデックスファンドさえ積み立てていれば、未来はバラ色だ」と**思考停止してしまう**ことなのです。

積み立て投資のデメリットは、つまるところ「時間がかかりすぎる」という点に集約されます。

一方、個別株投資なら、その時間を大幅に短縮することができる可能性があります。

私は元手200万円で株式投資を始めましたが、4000万円を達成するのに積み立て投資では30年かかるところ、9年で達成しました。また、積み立て投資では70年かかる1億円を、次のページの図のように、12年で達成しました。

これこそが個別株投資の醍醐味です。老後を待つまでもなく、人生の全盛期を豊かに過ごすことができるのです。起業する、早期リタイアする、海外移住するなど、人生の選択肢も無限大に増えます。

いま多くの人が、「老後が不安だから」という理由で新NISAを始めています。**「不安ベース」で新NISAを使っている**わけです。

それでは少々もったいない。「不安ベース」が「希望ベース」に変われば、新

NISAの可能性はさらに広がります。

豊かで自由な人生をより早く手に入れるために、新NISAという制度を活用していただきたいと思います。

資産6億円超えまでのヒストリー

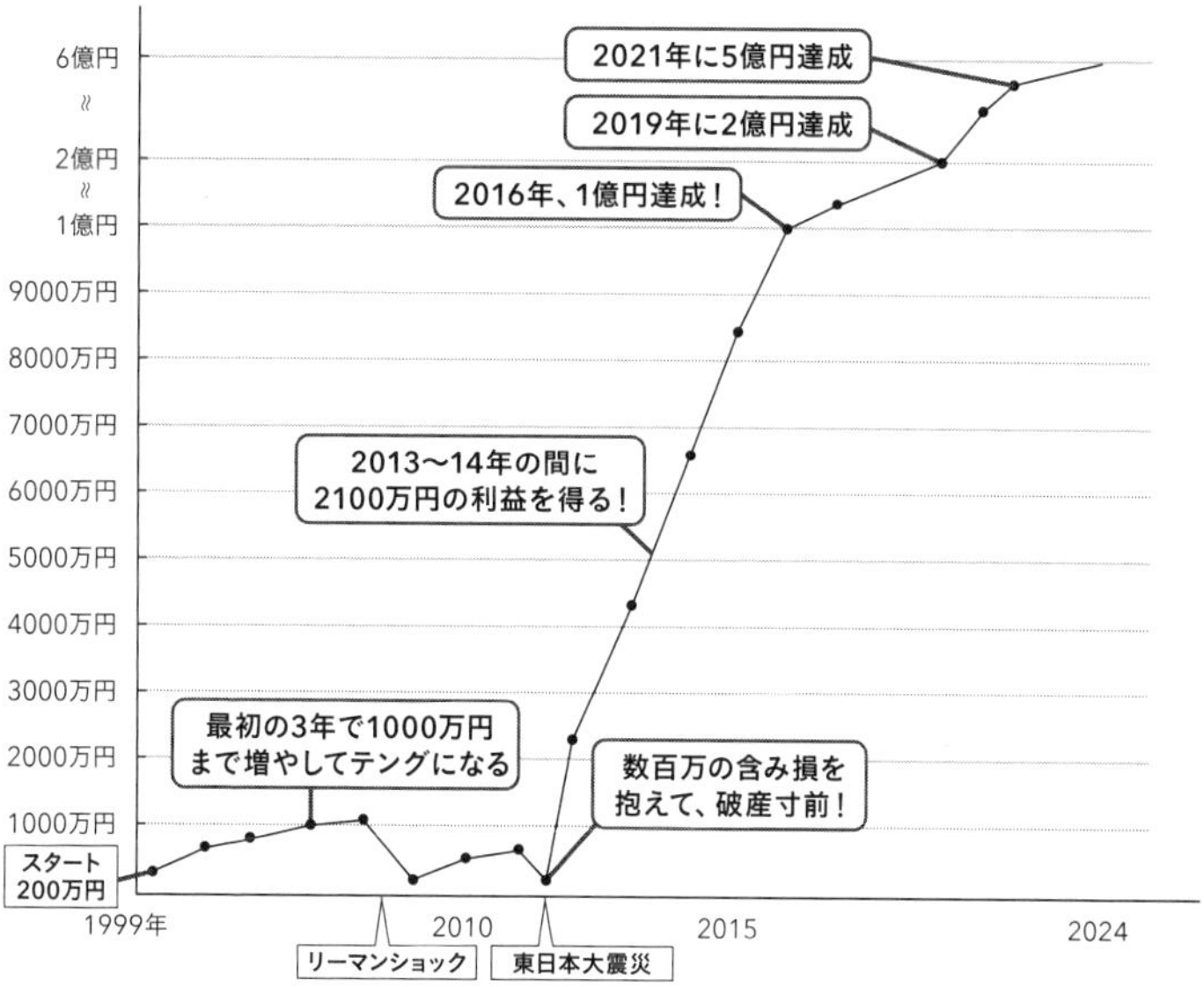

第3章

新NISAの成長投資枠で「日本の個別株」に投資せよ

私がおすすめする「二刀流」戦略とは？

前章でおわかりいただけたように、インデックスファンドの積み立ては決して万能ではありません。そこで、私がおすすめするのは「二刀流」戦略です。どういった戦略なのか、具体的に見ていきましょう。

まずはつみたて投資枠を死守しよう

まず、生涯投資枠1800万円のうち、600万円をつみたて投資枠に割り振ります。

本当は1800万円すべてを成長投資枠、つまり個別株投資に当てたいところですが、残念ながら成長投資枠には**1200万円という上限**があります。

ここは意外と見落としがちなので、注意していただきたいと思います。1800万円すべてを個別株投資に使えると勘違いしていると、あとから計画が大幅に狂ってしまいます。

毎月の積み立て額は、5万円としておきます。個別株投資は少額から始めることをおすすめしますが、積み立て投資はある程度の額を入れていかないと、最大の武器である複利が効きません。

投資する商品は、前述したように以下の2つ。それぞれ半分ずつ、2万5000円ぶん買っていきます。

・eMAXIS Slim 全世界株式（オール・カントリー）
・eMAXIS Slim 米国株式（S&P500）

「どちらが将来、より大きなリターンを得られるか？」という議論にはキリがありませんし、結果は誰にもわかりませんので、「迷ったら半分ずつ買っておく」でいいのです。

月5万円ずつ積み立てていくと、1年で60万円、10年で目標の600万円に到達します。

利回りをオルカン5％、S&P500を7％で計算した場合、運用益を加えた10年後の資産は819万円になります。

その後は、新規の積み立ては行なわず、「ほったらかし」で運用していきます。このころには複利効果が効いてくるので、30年後には2711万円になっている見込みです。

個別株を組み合わせると5年後いくらになっている？

ここからが、「二刀流」戦略の本領発揮です。残りの1200万円の枠を、成長投資枠に割り振ります。

投資する金額はその人の経済事情しだいになりますが、ここでは年間の投資上限額240万円いっぱいまで使うことを想定します。

投資する銘柄の選び方は、第4章で説明しています。第5章では、私が厳選した「注目銘柄」もご紹介していますので、そちらも参考にしてください。また、投資の際に最低限、注意してほしいことは、第6章にまとめています。

投資する銘柄が決まったら、ご自身のタイミングで購入してください。積み立て投資のように、毎月いくらといった買い方はしません。チャートを追いながら、安く買える位置で買うようにしてください。年に一度、相場が一時的に急落したタイミングを狙うのもいいでしょう。

このようにして、成長投資枠の年間上限額240万円を使い切ります。枠があまった場合は、少額で買える優良株で埋めるのも1つの方法です。たとえば、NTT（9432）は、2023年に1株を25分割する大々的な株式分割を行なったため、100株を2万円弱で買うことができます。

成長投資枠の年間上限額240万円を使い切り、なおかつ売却を一度もしていない場合、5年で枠がいっぱいになります。投資元本は1200万円で、ここに運用益が加わります。

私の場合、個別株投資の運用利回りは、インカムゲイン（配当金）とキャピタルゲイン（含み益と売却益）合わせて20％を目安にしています。

もちろん、利回りはそのときの相場状況によって異なります。私はアベノミクス全盛だった2013年の1年間で、当時4500万円ほどだった資産を、6900万円まで増やしました。利回り53％ということになります。

ただし、こんなパフォーマンスが毎年続くわけではありません。そこで、平均にならして20％としています。

仮に、毎年20%で運用することができたなら、ざっくりした計算ですが、投資元本の1200万円は5年後、2035万円に増えていることになります。かなりインパクトのある数字ですね。

このとき、つみたて投資枠は、先ほどの計算にもとづくと投資元本300万円に運用益が加わり、348万円になっている見込みです。

つまり、5年後の総資産は、2384万円ということになります。

資産形成のスピードがここまで早まる

目標株価に達した保有銘柄があったら、随時、売却をしていきます。このとき、**「もっと上がるかも」と欲を出してはいけません。**「ここまで上がったら売る」と最初に決めたところで、必ず売却するようにしてください。

新NISAの目玉といえるのが、売却したら翌年に投資枠が復活する、というところです。

1800万円いっぱいまで投資枠が埋まっている場合、当然ですが、翌年の投資枠はゼロになります。これ以上、新NISA口座で新規の投資はできないということです。

しかし、前年にたとえば100万円で購入した株を売却していたら、生涯投資枠は1700万円になり、その次の年、100万円ぶんの新規投資ができるようになるのです。

あくまで、**枠が復活するのは翌年である**ことに注意してください。また、年間上限投資額（成長投資枠なら240万円）を超えて枠が復活しても、同じ年だと年間上限投資額の範囲内でしか使えません。

つまり、年間240万円までなら、生涯にわたって新NISA口座で売買をくり返すことができるということです。

生涯投資枠を埋め終えても、「ほったらかし」にはできないのが、「二刀流」戦略のよさでもあり、シビアさともいえるでしょう。

日々、チャートや決算、ニュースなどに目を光らせながら、次はどれを売却して、代わりに何を買うかを吟味することが大切になってきます。

一方、つみたて投資枠は、10年で目標の600万円に達します。先述の複利で計算した運用益を加えると、819万円になっている見込みです。

そのときまで、成長投資枠の運用利回り20％をキープできたとしたら、総資産はいくらになっているでしょうか。

やはりざっくりした計算になりますが、投資元本の1200万円は、5396万円にふくれ上がります。つみたて投資枠の819万円と合わせると、なんと6216万円です。次のページにグラフで表してみました。

積み立て投資のデメリットは、「時間がかかりすぎる」ことだとお伝えしました。しかし、**個別株投資を組み合わせる**ことで、資産形成のスピードがここまで早まる可能性があるのです。

天国にいるかもしれない100歳で手に入る1億円と、40歳で手に入る6200万円、あなたならどちらを選びますか？

ほとんどの人が後者を選ぶのではないでしょうか。しかも、40歳で手に入った

6200万円は、その後も運用を続けていけば、複利効果がどんどん働いて、青天井に資産が伸びていきます。

もちろん、「年に240万円も投資に回せない」とか、「利回り20%なんて無理に決まっている」といった、さまざまな意見や反論があると思います。

その場合は、ご自身の経済状況や投資スキルに合わせて、シミュレーションをしてみてください。数字は変わっても、基本的な考え方は変わりません。

2つの枠を組み合わせろとこうなる！

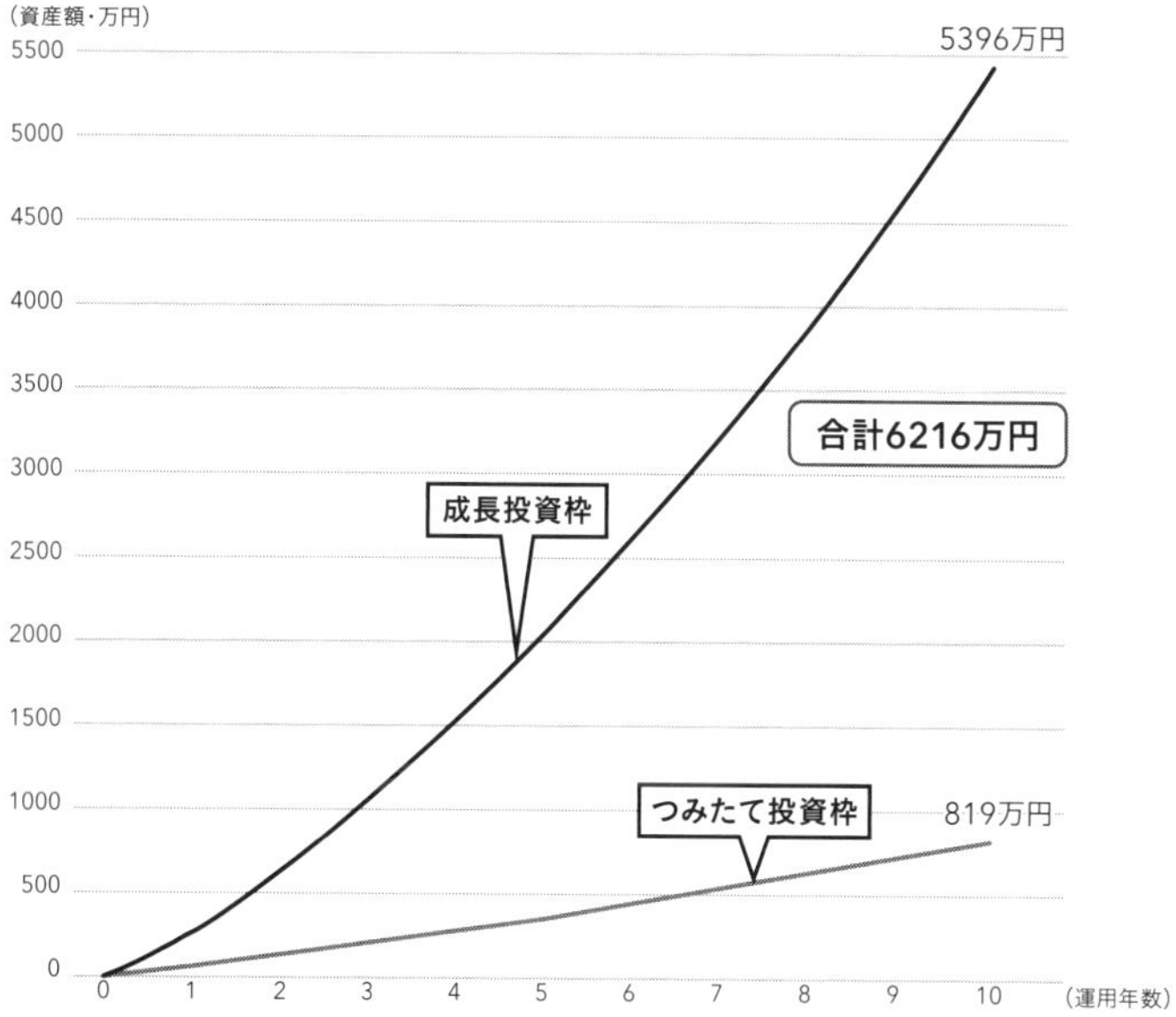

	つみたて投資枠 +	成長投資枠 =	合計
1年目	61万6722円	263万2688円	324万9410円
2年目	127万1585円	584万2963円	711万4548円
3年目	196万6786円	975万7545円	1172万4331円
4年目	270万4863円	1453万 949円	1723万5812円
5年目	348万8465円	2035万1596円	2384万 61円
6年目	432万 399円	2440万9720円	2873万 119円
7年目	520万3644円	2976万4989円	3496万8633円
8年目	614万1367円	3629万5158円	4243万6525円
9年目	713万6926円	4425万7986円	5139万4912円
10年目	819万3888円	5396万7785円	6216万1673円

「日経平均4万円」の導火線に火をつけるものとは

この原稿を書いている最中、日経平均株価がバブルの絶頂期につけた史上最高値、3万8915円を突破しました。

私は自身のユーチューブチャンネルで、以前から「新NISAをきっかけに日本株ブームが起こるかもしれない」とお話ししてきました。

しかし、こんなにも早く予測どおりの展開になりつつあることに、自分でもやや驚いています。

ただし、本当の株ブームはこんなものではありません。私は、2003年から

2006年にかけての、いわゆる「小泉バブル」を経験しています。

とくに2004年、堀江貴文氏が率いるライブドアが15連続ストップ高をつけたあたりの世間の雰囲気は、まさに株一色でした。

書店の目立つ棚は、株式投資の本で埋め尽くされていましたし、メディアもこぞって株式投資のニュースを取り上げていました。

そのときブームの追い風になったのは、ネット証券の普及でした。

現在では、口座の開設から商品の売買、管理まで、インターネット上のみで完結できます。しかしかつては、証券会社の店頭へ足を運び、営業マンと対面で取引するのが一般的でした。

ところが1998年に松井証券、翌年にSBI証券がインターネット取引サービスを開始し、家にいながら気軽に株を売買できるようになりました。それが追い風となって、「小泉バブル」が開花したのです。

私自身、インターネットで株式投資ができるようになったこと、そして「小泉バブル」で世の中が盛り上がっていたことがトリガーとなって、投資を始めたという経緯があります。

大衆心理はどちらに向かっている？

そして現在、世の中の雰囲気は小泉バブルと同じようなことが起こりつつあるように感じています。

ここ数年で、株式投資のハードルはぐっと下がり、なおかつ個人投資家に有利な状況が生まれました。

・スマートフォンで取引ができるようになった
・コスト（手数料）が低下した
・SNSなどで情報を得やすくなった

この3つに加えて、

・新NISAという画期的な制度のスタート
・日経平均株価が史上最高値を更新
・デフレからインフレによる投資への流れ

この3つがダメ押しのトリガーとなり、「バブル前夜か？」と思える様相を呈しています。

実際、新NISAがスタートした2024年1月の口座数は、ネット証券主要5社（SBI証券、楽天証券、マネックス証券、松井証券、auカブコム証券）合計で約90万件（3・3％）増加、2819万口座を超えました。

証券会社のホームページには、年明けからずっと「現在、カスタマーサービスセンターへの電話がつながりにくい状況となっております」というアラートが出続けています。

こんなことは、今までありませんでした。証券会社が対応できないくらい、個人投資家の参入が増えているということだと思います。

では、今どんな日本株に注目が集まっているのでしょうか。

以下は、2024年1月の1か月間に、ネット証券主要5社の新NISA成長投資枠で、買い付け金額が多かった日本の個別株をまとめたものです。

人気を集めているのは、おもに大型高配当株と呼ばれる銘柄です。

一番人気は配当利回りが5%を超えているJT。2位以下も、メガバンク、大手通信、総合商社など、大型高配当株が並んでいます。

成長投資枠で買い付けが多かった日本株銘柄ランキング

1位	JT(2914)	230.1億円
2位	三菱UFJフィナンシャル・グループ(8306)	145.9億円
3位	NTT(9432)	145.5億円
4位	三菱商事(8058)	126.1億円
5位	トヨタ自動車(7203)	95.3億円
6位	アステラス製薬(4503)	81.3億円
7位	武田薬品工業(4502)	76.4億円
8位	三井住友フィナンシャルグループ(8316)	72.2億円
9位	日本製鉄(5401)	65.3億円
10位	SBIホールディングス(8473)	32.1億円

私はよく、「大きく勝つには大衆心理の逆で勝負をしよう」とお伝えしていま す。人と同じことをしていては勝つことはできない、という意味です。よって、私が注目している銘柄は別のところにあります（具体的な銘柄名は、第5章でお伝えします）。

しかし、**大衆心理の逆を行くには、大衆心理を知る必要があります。**大衆心理はどちらの方向に向かっているのか、どんな銘柄に魅力を感じているのか。知っておいて損はありません。

今の日経平均株価はまだまだ割安

日経平均株価がバブル最高値を更新したことで、「現在の状況もバブルで、いつか崩壊するのではないか」と考える人もいるかもしれません。しかし、それは明らかに間違っています。

というのも、今では考えられませんが、バブル期の日本企業のＰＥＲの水準は

70倍に達していたからです。

ＰＥＲとは「株価収益率」のことで、１株あたり純利益に対し、株価が何倍になっているかを示す指標です。ＰＥＲが高ければ高いほど割高、低ければ低いほど割安ということになります。

現在の日本企業のＰＥＲは16倍ほどなので、バブル期と比べるとはるかに割安といえます。

これは**バブル期と比べて、日本企業の業績がはるかに上がっている**ことも表しています。

実際、おもな上場企業１４３０社の２０２４年３月期の純利益は47兆円を突破、３期連続で過去最高を更新する見通しです。株価だけが上がっているのではなく、業績もしっかり追いついているということです。

そう考えると、株価はまだまだ上値余地がありそうです。今後、日経平均株価４万円を突破し、５万円を目指すことになってもおかしくありません。そうなれば、まさに**「日本株ブーム」**の到来です。

海外投資家の「日本買い」が最後のトリガーになる

ただし、さらに上へと向かうには、最後のトリガーが引かれなくてはなりません。海外投資家が、本格的に「日本買い」を始めることです。

日本の市場の7割は海外投資家が動かしています。アベノミクスも、海外投資家の「日本買い」で株価が大きく上昇しました。

「アベノミクス元年」である2013年は、海外投資家が日本株を15兆円買い越しています。この海外マネーの流入が、アベノミクスの導火線に火をつけました。

私もこのとき、大きく資産を伸ばしました。

海外投資家の日本株購入動向

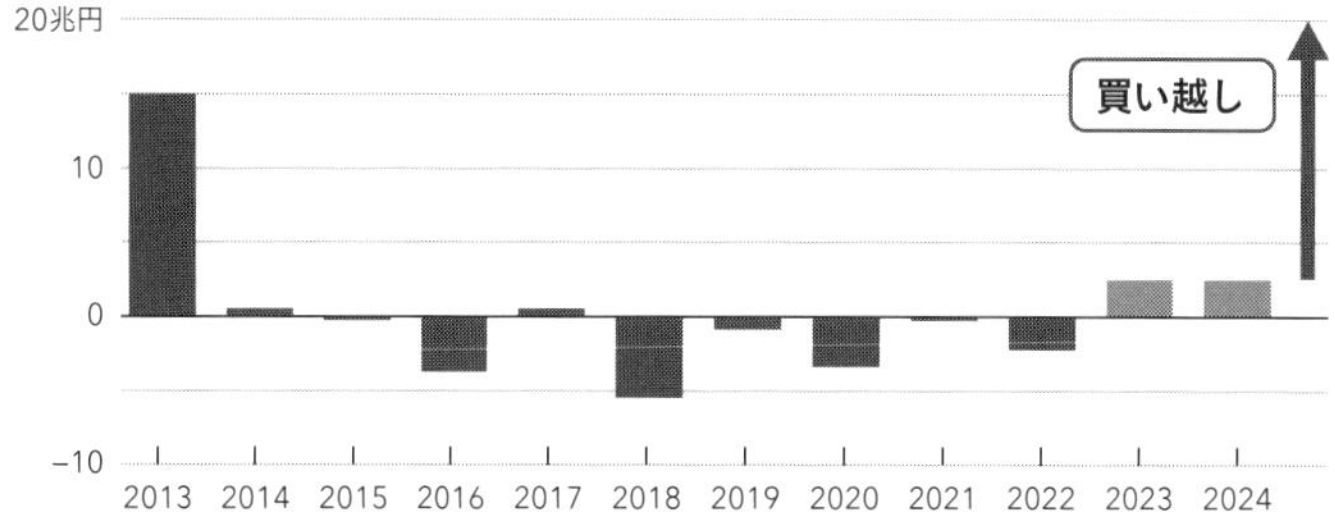

２０１２年に３０００万円ほどだった資産は、２０１６年には1億円を突破。私だけでなく、このときたくさんの「億り人」が誕生しました。

その後、海外投資家は利益確定のため売り越しに転じます。２０１５年からの8年間で、累計売り越し金額は15兆円にのぼりました。

それが２０２３年以降は、ふたたび買い越しに転じ、6兆円の海外マネーが日本に流入しています。

そして２０２４年。日経平均株価が史上最高値をつけた2月まで、海外投資家は日本株を6週連続で買い越していました。彼らの活発な動きが、株価を押し上げたといえます。

しかし、彼らの動きを見ていると、まだまだ疑心暗鬼のようです。

日銀はこのままマイナス金利を解除して、利上げしていくことができるのか。

デフレ脱却に成功し、インフレに移行できるのか。

東証（東京証券取引所）が取り組んでいる「ＰＢＲ1倍割れ企業」に対する改善要請は、本当にうまくいくのか。

新NISAによって、どれだけ個人投資家の動きが活発になるのか。総理大臣をはじめ、政治の安定化も見ているでしょう。

これらがクリアになってきたら、海外投資家は本腰を入れて「日本買い」を始めるでしょう。

そのときは、アベノミクスのときのように子飼いのメディアを使って、「海外投資家が日本株を爆買いしている」とか、「営業拠点を東京に移した」といった、「日本上げ」のアナウンスを連日のように流すでしょう。

もしそうなれば、ふたたびアベノミクスのような、あるいはそれを超えるような相場になっても不思議ではありません。

みなさんも、海外投資家の動きを注視するようにしてください。

「みんなオルカンやS&P500を買うので日本株には影響がない」は本当？

「新ＮＩＳＡでは、みんなオルカンやＳ＆Ｐ５００を買うので、日本株には影響がない」

一方で、こんな意見もインターネット上などでよく見かけます。

たしかに、現在のところ目立っているのは、投資信託への資金流入です。日興リサーチセンターの推計によれば、２０２４年１月の投資信託への「純流入額」は１兆３０００億円と、およそ16年ぶりの高い水準を記録したそうです。

では、具体的にどんな投資信託が買われているのでしょうか。

今どんな投資信託が売れているのか？

以下は、ウエルスアドバイザー社による、2024年1月の「純資金流入額上位10ファンド」です。「大衆心理」を知るために、確認しておきましょう。

堂々のワンツーを決めているのは、私をふくめ多くの人がすすめている「eMAXIS Slim」のオ

純資金流入額上位10ファンド

1位	eMAXIS Slim 全世界株式（オール・カントリー）	3439億円
2位	eMAXIS Slim 米国株式（S&P500）	2090億円
3位	インベスコ 世界厳選株式オープン〈為替ヘッジなし〉（毎月決算型）	515億円
4位	アライアンス・バーンスタイン・米国成長株投信Dコース毎月決算型（為替ヘッジなし）予想分配金提示型	450億円
5位	楽天・S&P500インデックス・ファンド	400億円
6位	〈購入・換金手数料なし〉ニッセイ NASDAQ100インデックスファンド	395億円
7位	楽天・オールカントリー株式インデックス・ファンド	314億円
8位	日本好配当リバランスオープン	286億円
9位	アライアンス・バーンスタイン・米国成長株投信Bコース（為替ヘッジなし）	280億円
10位	iFreeNEXT FANG+インデックス	273億円

ルカンとS&P500です。流入金額も、ほかの商品とはひとケタ違います。まさに鉄壁の2強といえるでしょう。

3位以下に関しても、インデックスファンドかアクティブファンドか、S&P500かNASDAQ100かといった違いはあっても、やはり世界や米国に投資する商品がほとんどを占めています。

ちなみに、10位の「FANG+（ファングプラス）」は、一部の投資家から今注目を浴びているかなり尖った商品です。

フェイスブック（現メタ・プラットフォームズ）、アマゾン、ネットフリックス、グーグル（現アルファベット）の頭文字をとって名づけられたFANG+は、この4社に加えて、マイクロソフト、アップル、エヌビディア、テスラ、スノーフレイク、AMDなどの米国企業で構成されており、過去10年で10倍以上に成長している実績があります。

唯一、日本に投資しているのは、8位にランクインしている「日本好配当リバランスオープン」だけです。このファンドは、東証プライム上場の主要銘柄の中から、配当利回りの高いものだけを投資対象にしたものです。

こうして見ると、「いくら新ＮＩＳＡが盛り上がっても日本株には影響ない」という意見も正しいと思えてくるかもしれません。

「オルカン一択」では耐えられなくなる

しかし、私はそうは思っていません。なぜなら今後の展開しだいでは、世界や米国にお金を投資していることに「耐えられなくなる」と思うからです。

先ほどお伝えしたように、日経平均株価は4万円をやすやすと突破、5万円を目指す流れになってもおかしくはありません。本格的な「日本株ブーム」が到来する可能性があります。

そうなったとき、オルカンやS&P500をコツコツ積み立てることに、本当に耐えられるでしょうか。

私は難しいと思います。連日のように日本株が上昇し、「億り人」が続々と現れる状況になったとしたら、積み立ては継続するにしても、成長投資枠で日本株を買いたくなるのではないでしょうか。

株価がどんどん上がっている。配当金ももらえる。株主優待がもらえるものもある。しかも、成長投資枠を使えば非課税。メリットを考えれば、やらない理由はありません。

そもそも、オルカンやS&P500が売れているのは、近年、米国株が絶好調だからです。オルカンもその中身を見てみると、米国株の比率が6割を超えています。

米国株ブームだから売れているだけで、もし日本株ブームが訪れたら「米国株はもう上がりすぎた」「次はやっぱり日本だ」と乗り換える人がたくさん現れても不思議ではありません。

そして、**いったん個別株投資の「沼」に入ったら、よい意味で抜け出せなくなります**。

こちらのほうが、うまくいけば資産形成のスピードが圧倒的に速いですし、自分が成長しているという実感が得られます。何よりエキサイティングでおもしろいので、やめられなくなります。

時間がかかるのは、一歩踏み出すまでです。やり方がわからないとか、ギャンブルみたいで怖いとか、損をするかもしれないとか、面倒くさいとか、何かと理由をつけてブレーキをかけるものですが、いったんやり始めたら、意外とスムーズに走り出すものです。

つみたて投資枠を入り口にして、投資家人口を爆発的に増やし、日本株投資に興味を持ってもらい、**いずれ日本を世界に名だたる投資大国、金融立国にする。**もしかしたらそこまで想定して、政府はつみたて投資枠と成長投資枠の2つをつくったのかもしれません。

新NISAで積み立て投資を始めた個人投資家が日本株に興味を持ち始めるのは、この調子でいくと意外と早いかもしれません。

夏のボーナスが支給される6月には、ひと動きあるかもしれないと期待しています。

新NISAは「政府の陰謀」と主張する人たち

ある女性タレントの方が、テレビ番組でこんな主張をしていました。

「(新NISAには)手を出していないです。国が推してるじゃないですか。国が推してるものにいいものがあるのかなって。何か裏があるんじゃないか」

「私は預けないです。放ったらかしにしていても(儲かる)とか、そんな甘い話は世の中にない。永久(に非課税)っていう言葉も信じていません」

新NISAには、何かしら裏の狙いがあるのではないか、政府の陰謀なのではないかという、懐疑的な見方が一部で広がっています。中には、日銀（日本銀行）の売りどきをつくるためではないか、と考える人もいます。

日銀は2010年以降、ETF（上場信託投資）を積極的に購入することで、日本の株価を下支えしてきました。ところが2023年、初めて売り手に転じたのです。

そのことを根拠に、「日銀が高値でETFを売り抜けることができるように新NISAをつくった」と言っているのです。

自分の頭で考えない人は株をやらないほうがいい

では、私の考えを述べましょう。

答えは、正解でもあり、不正解でもある、です。

少なくとも、みずから制度のメリット、デメリットを勉強せずに、国が押しつ

けようとしている、政府の陰謀だと考える人は、**そもそも投資には向いていませ
ん**。厳しいことを言うようですが、そういう人は投資をやらないほうがいいで
しょう。

新NISAは、成人した国民全員に与えられた権利です。しかし、国民全員に
適性があるわけではありません。仕事に向き不向きがあるように、投資にも向き
不向きが存在します。

先ほどの女性タレントの主張に答えるなら、「放ったらかしでも儲かるなんて
甘い話は世の中にない」というのは一部本当です。少なくとも個別株投資に関し
ては、**みずから進んで学ばないと儲けることはできません**。

また、「永久に非課税という言葉も信じていない」というのも間違ってはいま
せん。たとえば今後、NISA制度に否定的な政党が国民に支持され、政権を
取った場合、廃止になる可能性はなくはありません。

そして、「裏があるんじゃないか」という疑問については、**「あってもいいじゃ**

ないか」というのが私の答えです。

そもそも株式投資というのは、みんなで手をつないでゴールする、最近の小学校の徒競走ではありません。勝つ人もいれば、負ける人もいる。だます人も、だまされる人もいる。非常にシビアな世界です。

もし日銀が高値まで吊り上げて売り抜けようとしているなら、自分が先んじて売り抜ければいいだけの話です。「そうすれば儲かるじゃん」と思ったあなたは、株式投資の適性があります。

そして、もし売り抜けに失敗したなら、それは100%自己責任です。このことが腑に落ちていないうちは、株式投資をやるべきではありません。

ただし、株式投資はゼロサムゲームではありません。日経平均株価が4万円、5万円になれば、**ほとんど全員が儲かります**。

国も儲かるし、あなたも儲かります。あなたの大切な家族も、友人も、そして私だって儲かります。人生を変えるような大金を手にする人もいるでしょう。みんながハッピーになれるわけです。

国が今やろうとしているのは、こういうことです。もし、新NISAが陰謀だと思っている人が本書を読んでいたら、「今からぜひ投資の勉強をしてください」と私は強く言いたいです。

新NISAは庶民に有利な制度

似たような陰謀論として、「新NISAは富裕層優遇だ」という主張もあります。

庶民は生活に苦しんでいる。投資をするお金なんてない。だから新NISAを活用できるのは、お金を持っている富裕層だけだ、という内容です。

これも大きな間違いです。むしろ、富裕層には不利な制度になるかもしれません。というのも、近い将来、金融所得課税の引き上げが行なわれる可能性が高いからです。

岸田文雄首相は就任時、「新しい資本主義」というアドバルーンを打ち上げました。その中には、金融所得課税の引き上げが明記されていました。しかし、各方面からの反対にあい、すぐに引っ込めてしまったのです。

しかし、新NISAがスタートする直前、岸田首相は「経済・市場への影響を考えながら議論を続けている」と述べました。決して、忘れたわけではなかったのです。

実際、新NISAは、金融所得課税の引き上げとトレードオフなのだと思います。1800万円までは非課税にするので、その代わり上限を超えたぶんは金融所得課税を上げるぞ、ということなのでしょう。

そう遠くない時期に、税率が現在の20%から25%かそれ以上に上がることは既定路線だと思っておいたほうがいいでしょう。

このように、新NISAはむしろ**庶民の武器**になると思います。

1800万円までは非課税で、しかも株価は上を目指している。こんなチャンスはめったにありません。

私は、政府のやっていることがすべて正しいとはまったく思っていませんが、新NISAに関しては、すばらしい制度だと思っています。

陰謀論を真に受けるのではなく、ぜひご自身でメリット、デメリットを考えてみてください。

前章でおわかりいただけたように、インデックスファンドの積み立ては決して万能ではありませんし、唯一の正解でもありません。

そこで私がおすすめするのが、冒頭でお伝えした「二刀流」戦略です。

成長投資枠（上限1200万円）をいっぱいまで使って日本の個別株を売買し、つみたて投資枠（600万円）でインデックスファンドを積み立てる、という戦略です。

言い換えるなら、「コア・サテライト戦略」の新NISAバージョンといってもいいでしょう。

コア・サテライト戦略とは、保有する資産を「コア」と「サテライト」に分けて運用するポートフォリオ戦略で、投資家の間ではよく知られている基本中の基本ともいえる手法です。

コア（中核）は、安定したリターンが期待できる長期分散投資での運用のこと。ここでは、つみたて投資枠を使った運用を指します。サテライト（衛星）は、ある程度大きな値動きがあり、タイミングを見て売買する運用のこと。ここでは、成長投資枠を使った運用を指します。

コアとサテライト、つまり「守りの運用」と「攻めの運用」を同時に

コア・サテライト戦略のイメージ図

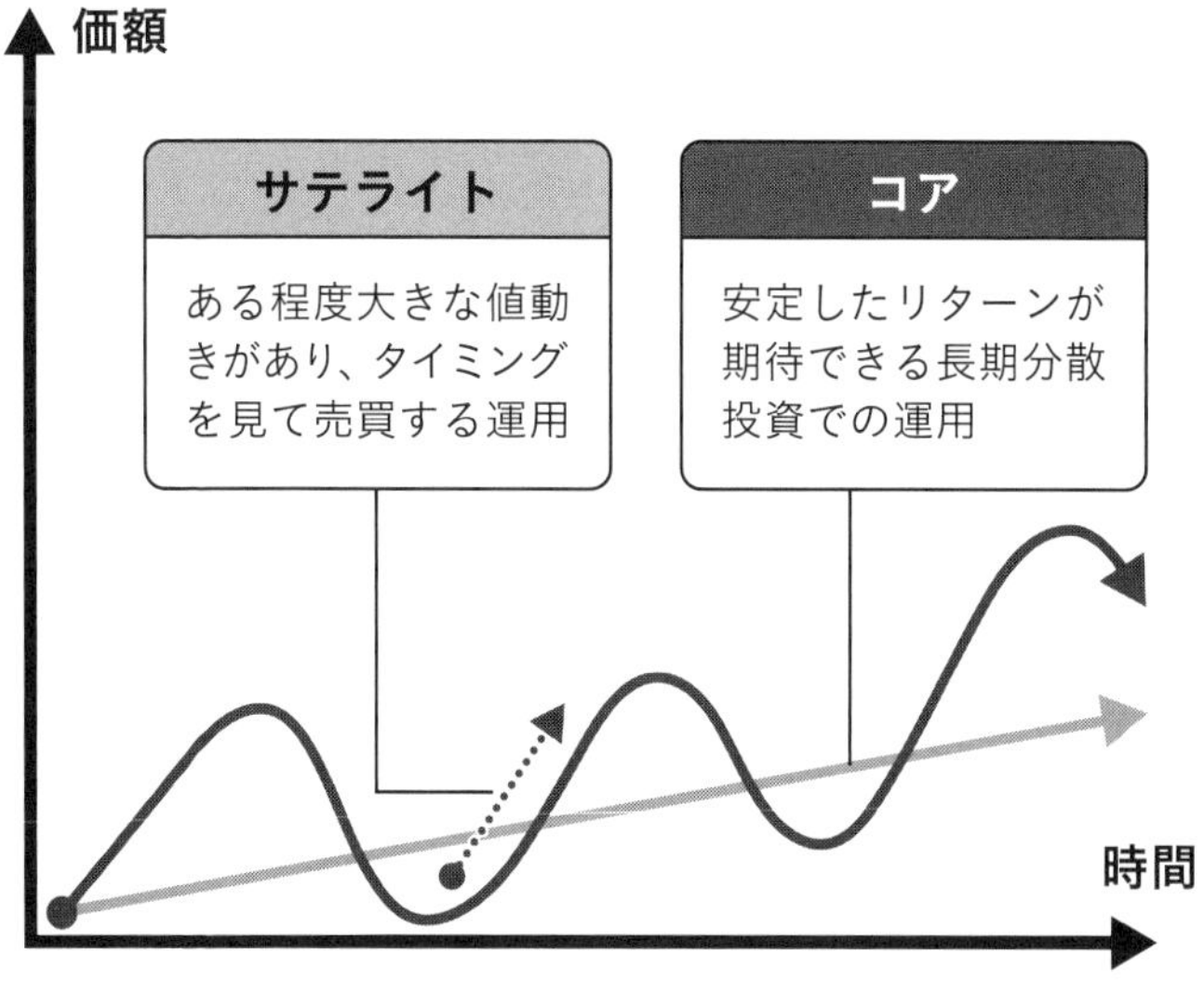

行なうことで、リスクとリターンのバランスをコントロールすることができます。

ハイリスク・ハイリターンでもなく、ローリスク・ローリターンでもない、本書が目指すミドルリスク・ミドルリターンの運用が、この戦略をとることで実現するのです。

では、具体的にどう運用していけばよいのでしょうか。具体的な数字をまじえて、くわしく見ていきましょう。

第4章

失敗しない「銘柄選び」のポイント

まずはこの「3つのポイント」さえ覚えておけばいい

ここからはいよいよ実践編です。

東証には現在、約3800の企業が上場しています。その中から、新NISAの成長投資枠で買うべき銘柄を、どのように選べばよいのでしょうか。

まず、知っていただきたいのは、株式投資で大事なのは、突きつめると「再現性」だということです。「こうすればこうなる」という法則をいかに見つけられるか、その確実性をいかに高められるかで勝負は決まるということです。

逆に、なかなか勝てない人、いっこうに勝ち方がわからない人は、銘柄ばかりに注目している傾向があります。「これから上がりそうな銘柄」の情報ばかり集めていて、**再現性という観点が抜け落ちている**のです。

では、自分なりの「勝てる再現性」をどのようにして見つければよいのでしょうか。

新NISAは、中長期トレードが原則ですから、チャートの値動きに注目するテクニカル分析よりも、企業の財務状況や業績に注目するファンダメンタルズ分析を重視します。

最低限、押さえておきたいポイントは、次の3つになります。

ポイント① 収益性……利益はどれだけあるのか？

その会社がどれだけ稼いでいるか、ということです。利益とひと口に言っても、いくつかの種類があります。

・営業利益……売上高から、売上にかかったコストを差し引いたもの

・経常利益……営業利益に加え、本業以外の利益もふくめた会社の収益

・当期純利益……最終的な利益から税金を引き、会社に残ったお金のこと
・1株あたり利益……当期純利益を発行済株式数で割ったもの

私はこの中でも、**営業利益**を見ることにしています。経常利益や当期純利益は、資産運用や土地の売却、のれん分け（ブランドの売却）といった特別な要因が関係してくるからです。

あくまで本業でどれだけ稼いでいるのか、過去5年くらいさかのぼって、営業利益の推移を見るようにしてください。右肩上がりで増えているのが理想ですが、新型コロナや戦争などの影響もあるので、世界経済の流れを視野に入れながら精査します。

ちなみに、現在の株価を1株あたり利益（「EPS」とも呼ばれます）で割ったものが、「PER」（株価収益率）です。PERを見れば、現在の株価が割安か、割高かを判断することができます。

また、メルカリ（4385）やSansan（4443）のように、営業利益は赤

字かわずかに黒字なのに、売上高が急速に伸びている会社もあります。

こうした会社は、売上高の多くを人件費、開発費、宣伝費などに回して、より早く市場のパイを独占しようとしている会社です。

私が保有している日本株のうち、こうしたいわゆるグロース株は2割ほどですが、新NISAで長期保有することを考えるなら、低価にあるグロース株の一部をポートフォリオに加えるのも悪くない戦略でしょう。

ただし、あくまで主力は「営業利益が過去5年伸びているプライムかスタンダード市場の銘柄」を選ぶことをおすすめしておきます。

ポイント② 持続性……いつまで続くのか？

長期で保有することを前提にする新NISAでは、**「持続的な成長」**が重要なポイントになります。

今期、営業利益を大きく伸ばした会社があるとします。ニュースなどで話題になり、つい手を伸ばしたくなりますが、その業績が将来にわたって続かなければ株価成長は望めません。

たとえば、新型コロナが流行していたころ、スギホールディングス（7649）などドラッグストアの営業利益が軒並み上がりました。それとともに、株価も大きく上昇しました。

しかし、その利益の源泉は、マスクと消毒用アルコールと風邪薬です。コロナが収束するとともに、営業利益は落ち着きました。同時に株価も下落傾向にあります。

太陽光発電も一時、営業利益を伸ばしました。しかし、いつまで国からの補助金が出るかわかりません。出なくなったとたん、赤字に転落してしまう可能性があります。

SEOコンサルティングの会社も、収益のほとんどをグーグルのプラットフォームに依存しています。グーグルがルールを変えたら、とたんに収益が出なくなる可能性があります。一時、注目を集めたフルスピードが、2022年上場廃止になったのを覚えている方もいるでしょう。

また、JT（2914）は配当利回りが高く、最近では株価も上昇していることから新NISAでよく買われていますが、私は持続性の観点から、候補銘柄には入れていません。

最近では、医薬品や食品などにも力を入れているJTですが、売り上げのほとんどを占めているのは、国内外におけるたばこ事業です。

たばこ産業は、日本国内のみならず、世界的に見ても衰退産業です。将来の成長が見えない会社は、長期投資を前提とする新NISAには向かないと思っています。

持続性があるかないかを判断するには、このように**情報をできるだけ多く集めて、自分なりに分析し、仮説を立てる**しかありません。

利益のほとんどを何かに依存していないか、競合が参入してきたときに勝てるのか、景気に左右されるビジネスではないか、時代とともに衰退していく斜陽産業ではないか。

いま流行りのＥＶ（電気自動車）もＡＩ（人工知能）も、このまま成長が持続する保証はありません。アンテナをしっかり張っておくことが重要です。

ポイント③　確実性……どれだけ確かなのか？

たとえば、ある企業が「今期は黒字です」と発表したとします。しかし、発表をうのみにしてはいけません。それが本当に達成できるのか、どれだけ確かなのかを検証することが大切です。

難しそうだと思うかもしれませんが、自分なりの仮説でいいのです。

たとえば正露丸でおなじみの大幸薬品（４５７４）が、今期の黒字化を発表しました。

大幸薬品は、新型コロナが流行していた時期、ウイルスへの効果があるとして「クレベリン」という商品を増産しました。そのおかげで株価が急上昇したのですが、消費者庁から「根拠がない」と指摘されたことで、株価は一気に下がりました。

私は、「営業利益が黒字転換する会社」に着目しています。赤字から黒字に転換したとき、株価上昇が期待できるからです。

大幸薬品は本当に黒字化できるのか。それとも赤字のままなのか。

チェックしてもらいたいのは、決算短信に載っている通期の決算予想とその時点までの進捗です。これは、通期の業績予想に対して、四半期（3か月）でどれだけ達成できたかを表すものです。

もし、第1四半期（1Q）で進捗率が25％を超えていれば、「黒字転換」という業績予想が達成できる可能性が高いと見てよいでしょう。

こうした情報を集めることで、「確実性」は判断することができます。

大幸薬品の場合、赤字が続きましたが、一方で、2024年3月現在、底打ち反転して、株価の上昇を見せています。こういった場合は、不祥事や赤字が続いても、社員と経営陣が一丸となってそこから脱却しようと努力を続けているものです。ときには血を流してリストラすることもあります。

ただ、それを先回りして、その1年前などに応援のために投資をできれば、そこからV字回復の恩恵を株主として得ることができます。つまり、投資というものは常に予測するだけではなく、**情報を得て予測をし、先回りする**ことが大事なんですね。

私の場合、とくに時間がないときは、この3つのポイントを念頭におきながら企業のホームページにあるIR（投資家情報）や事業内容などをチェックしています。おさらいすると、下の図のようになります。

そして、3つのポイントと照らし合わせて、割安だと判

銘柄選びの3大ポイント

❶ 収益性	利益はどれだけあるのか？
❷ 持続性	いつまで続くのか？
❸ 確実性	どれだけ確かなのか？

断したものだけに投資しています。

いくら利益が出ていても、持続的に成長すると予測できても、安くなければ投資をしないという判断が大切です。

「4つのギャップ」に注目して、これから上がる銘柄を見つけよう

「割安だと判断したものだけに投資する」

これは個別株投資をするうえでの鉄則で、積み立て投資とのもっとも大きな違いです。

積み立て投資の場合、安かろうが高かろうが関係なく、毎月一定額を淡々と積み立てることが求められます。言い換えれば、どのタイミングで買うかという判断を、最初から放棄しているわけです。これを、46ページで紹介したように「ドルコスト平均法」といいます。

いっぽう、個別株投資の場合、買いのタイミングが重要です。そのため、先述

の3つのポイントを意識してファンダメンタルズ分析をしたら、チャートが今どの位置にあるかを確認しましょう。

そのとき、次に挙げる「4つのギャップ」に注目してください。

①その銘柄の「真の価値」と株価にギャップがあるかどうか
②そのギャップを埋めるための「事業業績」が見込めるか
③そのギャップは人々の「大衆心理」を魅了するに足りるものか
④大衆心理を魅了した場合、「チャート」は上に動きそうか

もし、この4つが当てはまったら、安く買って高く売ることができる銘柄だと考えます。

あくまで大事なのは「ギャップ」です。ただ株価が安くなっていればいいわけではありません。

会社の業績や成長性からすると、もっと株価が高くていいはずなのに、何らかの理由で安いまま放置されている。こうした状態を、私は相場の世界での**「歪**

み」と呼んでいます。

歪みが発生している銘柄を狙って、投資をしていくのが私の基本的なスタイルです。

すでに値上がりしている人気株を買うのは簡単です。しかし、そこにギャップはありません。最近では、三菱商事などの商社株、商船三井などの海運株が人気ですが、今から投資をするのでは少々遅いような気がします。ちなみに、人気株になる前に私は仕込んでもうけています。

それよりも、まだ人気になっていない「割安なお宝銘柄」を探すほうが、新NISAで長期投資する場合は有利になると思います。

まだ人気になっていない「割安なお宝銘柄」を探せ

1つ例を挙げましょう。ゼビオホールディングス（8281）です。

「スーパースポーツゼビオ」「ヴィクトリア」「ゴルフパートナー」などのスポー

ツ用品店を、全国に展開する企業です。グループ総店舗数は、約900店舗。ショッピングモールなどでよく見かけるので、みなさんもご存じかもしれません。

チャートを見ていただくとわかるように、株価は長年にわたって低迷しています。よっぽど業績がよくないのだろうと思うかもしれませんが、しかしそれほど悪くはありません。毎年、黒字をキープしていますし、コロナが明けてからは売上も伸びています。

では、なぜ一部の赤字企業よりも株価が伸びないのか。それは、ゼビオという会社を買いたいと思う人がいないからです。ひと言でいえば、人気がないということです。

株式投資の世界は、最終的には**「人気投票」**です。たとえるなら、東証に3800人のアイドルが集まって、「僕を見て」「私を見て」と踊っているようなものです。

その中で、投資家から人気を集めた株だけが上がっていきます。逆に、いくらファンダメンタルズが良くても、人気がなければ株価が上がることはありません。

ゼビオの場合、おそらく宣伝やＩＲ戦略があまりうまくないのだと思います。

これだけの実力があるのですから、ＣＭを打つとか、社長が積極的にメディアに出るとか、スポーツ選手とコラボするとかすれば、もっと人気が出るのではないでしょうか。

２０２４年にはパリオリンピックが開かれます。スポーツ関連株に注目が集まりそうですから、そのとき投資家を振り向かせるようなＩＲを出すことができれば、株価にも反映されると思います。

先ほどの「４つのギャップ」でいえば、「人々の大衆心理を魅了する」ということです。こうした動きが出てくればという条件つきですが、投資を検討してもよいかもしれません。

今回は一例をあげましたが、まだまだ実力があるのに不人気な株やセクターはたくさんあります。あなたの推しの銘柄はなんですか？　ぜひ色々とリサーチしてみましょう。

新NISAで投資するなら「高配当かどうか」も外せない

新NISAで買う場合、「高配当かどうか」も見逃すことはできません。

新NISAの大きな魅力は、生涯にわたって配当金に税金がいっさいかからない点です。このメリットを最大限に活かすには、配当がたくさんもらえる銘柄を選んだほうがいいことになります。

その銘柄が高配当がどうかは、「配当利回り」という指標で判断します。私は、新NISAで投資する場合は、配当利回り「3・5％以上」を1つの目安にしています。

とはいえ、ただ配当利回りが高ければいいというわけではありません。

①配当が安定しているか
②連続増配しているか
③配当性向が適正な範囲か

この3点を必ずチェックするようにしてください。

①配当が安定しているか

まず、配当が安定しているかどうかを判断するために、過去の配当推移を確認してください。

四季報や証券会社のホームページでも確認することはできますが、より昔までさかのぼって配当推移を確認することができる、「IR BANK」を使うとよいでしょう。

「IR BANK」は、長期決算を手軽にチェックできるウェブサイトで、誰でも無料で利用することができます。

そして、配当が毎年安定して支払われているか、とりわけ**減配（配当が減る）や無配（配当がゼロ）**の過去がないかをチェックしてください。

たとえば最近、超高配当株として海運セクターに人気が集まっていますが、配当推移を確認すると、ひどく不安定であることがわかります。

商船三井の場合、２０２３年の１株あたり配当は５６０

商船三井(9104)のチャート

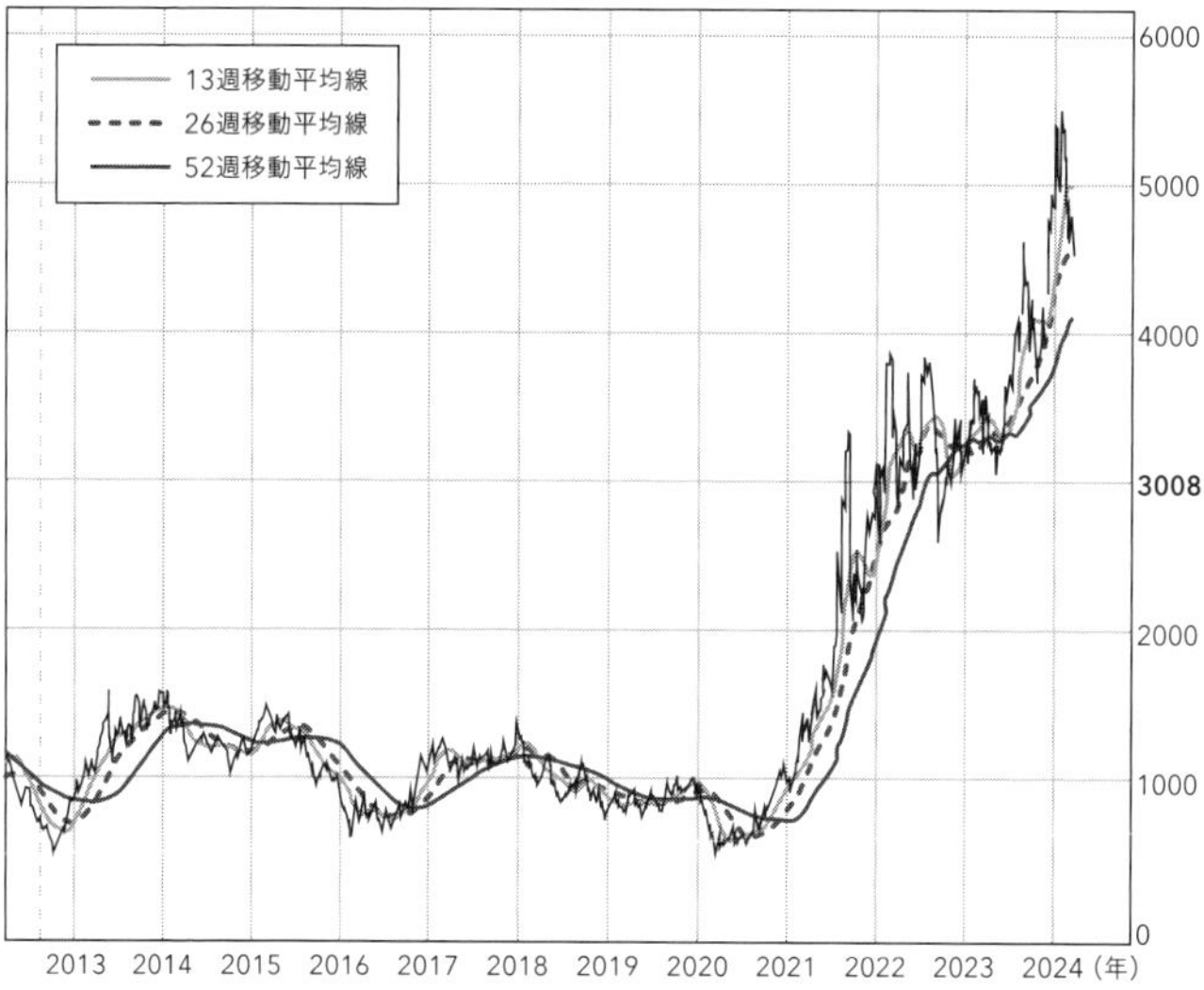

円、利回りは驚きの16・92％でした。

しかし、過去をさかのぼってみると、高配当といえるのはここ数年のみということがわかります。２０１８年の１株あたり配当は11円、利回りはわずか０・65％。また、２０１３年には無配を記録しています。

高配当だからといって飛びつくと、痛い目にあうことが想像できると思います。とくに長期で運用する新ＮＩＳＡでは、将来にわたって配当金が安定的に入ってくるかどうか、きちんとチェックすることが不可欠です。

② 連続増配しているか

あわせて、連続増配しているかどうかも確認しておきましょう。

連続増配とは毎年、配当金が増加し続けている銘柄のことです。増配年数が長ければ長いほど安心感があります。

毎年必ず増配をしているということは、業績も好調であること、景気に左右されないこと、株主還元に意欲的だということを表しています。ということは、株価成長も望めるということです。

もし配当が2倍になったら、株価も2倍になっていておかしくありません。インカムゲインとキャピタルゲインの両方を取れる、一石二鳥の銘柄である可能性があります。

配当利回りが3・5％近くあり、なおかつ連続増配期間が長期にわたっている銘柄としては、以下のようなものがあります。

・三菱ＨＣキャピタル（8593）連続増配年数……24年
・プラネット（2391）連続増配年数……19年
・スカラ（4845）連続増配年数……15年
・積水化学工業（4204）連続増配年数……13年
・イエローハット（9882）連続増配年数……13年

先ほどお伝えした、ファンダメンタルズとテクニカルの条件を満たしていると判断できた場合は、投資候補に入れてもよいかもしれません。

また、現在の配当利回りがそこそこでも、連続増配年数が長期にわたっている場合、数年後には投資額に対する配当利回りが3・5％を超える可能性もあります。

たとえば、ＫＤＤＩ傘下の沖縄セルラー電話（９４３６）は、現在の株価３５００円付近、配当金が１００円（予定）で、配当利回りは２％台後半と、そこまで高いわけではありません。

しかし、5年前の株価は１９００円台そこそこでした。もし、そのときに買っていれば、投資額に対する配当利回りは5年後の現在、5％を超えることになります（配当金１００円÷株価１９００円）。

このように、増配傾向の強い銘柄を安いところで買っていれば、配当はさらに有利になります。

このまま連続増配が続いていけば、数字はさらに伸びていく可能性もあります。そう考えると、長期投資を前提としている新ＮＩＳＡにはぴったりの銘柄といえるのではないでしょうか。

③配当性向が適正な範囲か

さらに、配当性向も見ておく必要があります。配当性向とは、税引き後の利益である当期純利益のうち、その会社が何％を配当金の支払いに当てたかを示す数字です。

配当性向が高いほど、その会社が株主に対してより多くの利益を還元しているということになります。

ただし、配当性向が高すぎるのは要注意です。中には配当性向が１００％を超えている会社もありますが、これは当期純利益よりも配当金のほうが多いことを意味しています。

配当金を支払うために借り入れをしていたり、悪いニュースが出る前兆だったり、内部留保から拠出していたりする可能性もあります。それでは、長期にわたって持続的に配当を出すことはできません。

もし、狙っている銘柄の配当性向が高めだなと思ったら、必ずその理由を確認してください。

配当性向は「高すぎず、低すぎず」、ちょうどいい範囲に収まっていることが重要です。私としては、30％くらいが妥当な数字だと考えています。

高配当株で得た配当金は「再投資」せよ

ここで1つ大事なことをお伝えします。

配当金をもらうのは、うれしいものです。あれを買おうとか、どこに行こうとか、想像がふくらむでしょう。

しかし、ここはぐっと我慢してください。配当金を使ってしまうと、複利のスピードが落ちるからです。

私はこれまで、配当金を引き出したことは一度もありません。昨年（2023年）は、配当金が600万円を超えましたが、すべて再投資にあてています。つまり、配当金で新しい株に投資する、ということです。

高配当株で得られた配当金で、ふたたび高配当株を買う。その高配当株が、さらに配当金を生む。こんなふうに、「金の卵を生むニワトリ」を育てていくのです。私はこうやって資産を増やしてきました。

みなさんも、ぜひ配当金は再投資に回すようにしてください。そうすることで、複利のスピードが加速していきます。

ちなみに、オルカンなど「分配金なし」のインデックスファンドの優れているところは、この再投資を自動的に行なってくれる点です。その結果、運用益が右肩上がりにふくらみやすくなります。

個別株投資の場合は、「ほったらかし」というわけにはいきません。配当金を自分で再投資をする必要がありますので、くれぐれも注意してください。

最初は少額から始める……ビギナーにおすすめの「単元未満株投資」

次章ではもう一歩踏み込んで、私が厳選した「注目銘柄」を実名で公開したいと思います。ただし、いくつか注意点がありますので、あらかじめお伝えしておきましょう。

まず、ビギナー（未経験者）の方は、無理せず少額から始めるようにしましょう。成長投資枠の年間上限額240万円を一気に埋めるようなことは、くれぐれもしないでください。

最初は1万円。慣れてきたら5万円。確信が出てきたら10万円。こんなふうに、**少しずつ入金していけばいい**のです。

ビジネスでも同じです。これまでいろんな経営者を見てきましたが、最初からたくさんのお金を集めて、大きなオフィスを借りて、社員を雇って……と、身の丈以上のことをしている会社は、だいたい失敗に終わっています。

私は会社経営も20年近く続けていますが、最初はワンルームマンションから始めています。このように、身近な人から仕事をもらいながら徐々に規模を大きくしていった会社は、おおむね長続きしています。

厳しい言い方をすると、投資でもビジネスでも、ビギナーのうちは「カモがネギを背負ってくる」ようなものです。1年くらいたてば、ビギナーから初級者へとレベルアップすることができます。とにかく、その期間を生き残ること。

ウォーレン・バフェット、ジム・ロジャーズとともに世界3大投資家として知られるジョージ・ソロスはこんなことを言っています。

「まず生き残れ。儲けるのはそれからだ」

それだけ、生き残る投資家が少ないということでしょう。ビギナーのみなさんは、この言葉を必ず覚えておいてください。

「単元未満株」から始めてみよう

とはいえ、「1万円ぽっちじゃ何もできないよ」という反論もあるでしょう。たしかに日本株の場合、売買単位（1単元）は100株ですから、株価1000円の株を買おうとすると10万円もの大金が必要です。

そこで、ビギナーのみなさんにおすすめしたいのが、1株から株式を購入できる**「単元未満株投資」**です。つまり、1000円あれば株価1000円の株を1株買うことができるということです。

楽天証券なら「かぶミニ」、SBI証券なら「S株」、マネックス証券なら「ワン株」と、証券会社ごとにサービス名が異なりますが、中身はほとんど同じと思っていただいて大丈夫です。

単元未満株投資なら、投資額が少なくても分散投資をすることができます。10万円で1銘柄買うより、1万円ずつ10銘柄買ったほうが、当然リスクを減らすことができます。

もちろん、配当金ももらえますので安心してください。ただし、株主優待はほとんどの会社が100株以上の保有を条件にしていますので、残念ながらもらうことはできません。

購入する株数が1株であっても、100株であっても、基本的な考え方は変わりません。

ファンダメンタルズの「3つのポイント」と、テクニカルの「4つのギャップ」を確認し、できるだけ高配当なものを、割安だと思ったタイミングで買う、ということです。

ビギナーのうちは失敗ばかりで、「こんなはずじゃなかった」と頭を抱えることも多いでしょう。逆に、もしビギナーなのに連戦連勝だったら、それはあなたが投資の天才だからではなく、「ビギナーズラック」が働いたからです。

負けて、負けて、たまに勝って、また負けて……。こんなふうに何度も失敗しながら、実戦を通じて成長していくのが株式投資の世界です。

株は失敗から始まるゲームです。失敗しないと、勝てるようにはなりません。

私はよく、「100回売買するまではビギナー」とお伝えしています。

それなら、株取引の練習ができるシミュレーションアプリなどを使って、デモトレードをすればいいのでは、という声も聞こえてきそうです。でも、失敗しても損をしないデモトレードでは、身にならないと思ってください。

たとえ1万円でも、大事なお金を投じるからこそ、真剣に取り組むモチベーションが生まれます。失敗したら悔しいですし、反省して次につなげようという意欲も湧いてきます。

だからこそ、私は単元未満株投資をおすすめしているのです。

でも、安心してください。単元未満株投資なら、損失を被ったとしてもたかが知れています。1万円で買った株が10%値下がりしたとしても、損失はたった1000円です。**勉強料としては安い**と思うようにしましょう。

エントリータイミングは自分で決める

もう1つ忘れてはいけない注意点があります。それは、次章で紹介している銘柄を、あわてて翌日に買ってはいけないということです。

相場で勝ち続ける極意は1つしかありません。先ほどもお伝えしたように「安く買って高く売る」ことです。勝ちの源泉はどこで買うか、つまり「エントリータイミング」にあるのです。

ビギナーのうちは、このエントリータイミングがわかりません。そろそろ底打ちだと思って買ったらさらに下落したり、そろそろ天井だと思って売ったらさらに上昇したり、チャートは思ったようには動いてくれません。

積み立て投資は、そもそもエントリータイミングはわからないものなので、初めから考えないという投資手法です。エントリータイミングを分散させて、購入価格を平均化し、リスクを抑えるという戦略です。

一方、個別株投資は、エントリータイミングを自分で決める投資手法です。いくらでも引きつけて「待つ」ことができるのです。証券会社のアプリなどに、監視銘柄として登録しておいて、自分のタイミングで投資するようにしてください。

なお、エントリータイミングの見極め方については、拙著『うねりチャート底値買い投資術』（ダイヤモンド社）などにくわしく書いていますので、ご興味のある方は手にとってもらえると幸いです。

大事なのは「魚の釣り方」を知ることである

また、中級者にレベルアップしたいなら、自分だけの「注目銘柄」を探す努力も必要です。

古代中国の思想家、老子の格言に次のようなものがあります。

「人に魚を与えれば1日で食べてしまうが、釣り方を教えれば一生食べていける」

私が紹介した銘柄をそのままマネするのではなく、私がどんなところに目をつけて選んでいるのか、どのような基準で判断しているのかを、ぜひ盗んでほしいのです。

負ける投資家がよく口にするセリフがあります。

「どの銘柄を選べばいいのか教えろ」
「上がる株だけ教えてほしい」
「一部の人間だけが知っている特別な情報を与えてほしい」

自分の頭で考えていない、考えようともしていない一例です。

勝つ投資家になるためには、**自分で調べて、自分の頭で考える**こと。インフルエンサーやアナリストの言っていることをそのまうのみにしてはいけないし、もちろん、私の言うことだってうのみにしてはいけないのです。

自分だけの「注目銘柄」を見つけるには、日々、幅広い情報に接することが欠かせません。私が、ビギナーの方におすすめする情報源は2つあります。

ビギナーにおすすめしたい「2つの意外な情報源」

1つめは、意外かもしれませんが、NHKのニュースサイト『NHK NEWS WEB』です。

その中に「ビジネスニュース一覧」というページがあるので、ぜひ見てみてください。もちろん、無料です。

いきなり『ブルームバーグ』や『ロイター』、『日経新聞』などを読んでも、ビギナーの方にはおそらく難しいと思います。

その点、『NHK NEWS WEB』は、同じニュースを扱っていても、大衆向けにわかりやすく書かれています。隅から隅まで読む必要はないので、まずは見出しをざっと眺め、興味のあるニュースから読んでみてください。

もう1つは、こちらも意外かもしれませんが、「Yahoo!ニュース」のコメント欄、いわゆる「ヤフコメ」です。

私が「ヤフコメ」をおすすめする理由は、**大衆心理をつかむことができるから**です。

たとえば、経済ニュースで「楽天モバイルの赤字が改善した」というニュースが載っていたとします。ニュースだけ読むと、楽天株は買いのチャンスなのかと思うかもしれません。

しかし、「ヤフコメ」に目を移せば、個人によってさまざまな意見があることがわかります。

「田舎に住んでいると、楽天どころかａｕですら電波が入らない」
「８０００億の社債返還が迫っているのに、危機は脱しているといえるのか」
「株価が上がったのは、株主優待が大盤振る舞いだったせいだろう」
「楽天市場もポイント還元悪化がひどい」

もちろん、正しくない情報もたくさんあります。でも、それが大衆心理というものだと私は思っています。大衆心理に目が慣れれば、正しく取捨選択できるようになります。

合っているか、間違っているかは問題ではありません。大衆心理はどちらを向いているのか。そして、これから楽天株は上がるのか、下がるのかを分析することが重要です。

こと株式投資に関しては、情報を得るときは、できるだけ大衆心理にも目を向けるようにしてください。

注意してもらいたいのは、証券会社などの金融機関や、アナリストが発信している情報です。すべてがそうとは言いませんが、自分たちが売りたい商品を売ることが目的の情報だったりします。

客観的な情報を装ってはいるものの、実は裏があるということです。

それを承知のうえで、裏の裏まで読むつもりで接するなら価値がありますが、うのみにしてしまうのは危険だと思います。

さて、お待たせいたしました。私が厳選した「注目銘柄」の発表に移りたいと思います。

最後に、賢明なる読者のみなさんには蛇足かもしれませんが、念のため注意点を申し上げておきます。

・株式投資には一定のリスクがともないます。売買によって生まれた損失については、著者ならびに出版社は一切責任を持ちません。
・株式投資は自己責任の世界です。必ずご自身の判断、責任のもとで行なうようにしてください。
・相場は刻々と移り変わります。利回りなどの細かい数字や、チャートの動きについては、原稿を執筆している2024年3月1日時点のものであることをご承知おきください。

第5章

新NISAにおすすめ！「注目銘柄20」を実名公開

厳選高配当株

「利回り3・5%」以上を狙い、不労所得を手に入れよ

新NISAで個別株に投資するなら、「高配当である」という条件は外せません。では、利回りがどれだけあれば「高配当」と呼べるのでしょうか。人それぞれだとは思いますが、私は「3・5%」以上を目安にしています。

ですから、新NISAでいくら人気を集めていても、利回り3%にも達していないトヨタ自動車（7203）や、三菱商事（8058）、NTT（9432）などはここには入れていません。

ここでは、利回り3・5%以上を狙え、なおかつ業績も安定している銘柄を4つご紹介します。（※出版時のデータによる）

①SOMPOホールディングス（8630）
「3メガ損保」の一角。
「ビッグモーター問題」の影響は限定的か？

東京海上日動火災保険などを傘下に持つ、東京海上ホールディングス（8766）、三井住友海上火災保険などを傘下に持つ、MS&ADインシュアランスグループホールディングス（8725）とともに、「3メガ損保」の一角として知られています。

グループの中核を担っているのは、損害保険ジャパン（通称、損保ジャパン）です。2002年、安田火災海上保険と日産火災海上保険の合併により誕生、2010年には日本興亜損害保険と経営統合しました。

SOMPOホールディングスの強みは、グローバル展開に力を入れている点です。この6年間で、海外保険事業が4倍に急成長しており、利益に占める海外比率は5割に迫ろうとしています。

一方、ＭＳ＆ＡＤの海外比率は、わずか１割ほどですから、ＳＯＭＰＯホールディングスの海外成長が著しいことがよくわかると思います。

また、意外なところでは、介護事業への進出も始めています。「人生１００年時代」を迎え、今後ますます介護需要が高まるはずですから、業績への貢献も期待できるでしょう。

２０２３年３月期は、自然災害やコロナ関連の支払いが予想を上回り、大幅な減益となりました。しかし、２０２４年３月期はその支払いが減るため、過去最高益を達成する見込みとなっています。

配当もここ数年間、増配を続けています。利回りもかなり高いので、新ＮＩＳＡの「定番銘柄」と呼んでもいいのではないでしょうか。

ただし、懸念点もあります。２０２３年に発覚した、ビッグモーターによる保険金の不正請求問題に関わっていたことです。不正の可能性があることを認識していながら、取り引きを続けていたことが問題視されています。

２０２４年１月には、金融庁から業務改善命令が出されました。それを受けて、会長兼CEO（最高経営責任者）が退任する事態にまで発展しています。
しかし、株価を見ても、業績見通しを見ても、影響は今のところ限定的です。
みなさんは、次のような相場格言をご存じでしょうか。

「事故は買い、事件は売り」

「事故」は、短期的に業績に影響が出る可能性はあるものの、回復することが多いので買い。「事件」は、その企業に根本的な腐敗の構造があり、中長期的に株価が下落することが多いので売り、という意味になります。

経営破綻まで行く致命的な「事件」もあります。私も過去にタカタのエアバッグリコール問題の長期化で1000万円近くの損失を出しました。しかし、今回のSOMPOホールディングスの不祥事が、突発的な「事故」だと判断できるなら、中長期的に見て「買いのチャンス」といえるでしょう。

②日本製鉄（5401）
日本最大手の鉄鋼メーカー。米大統領選挙とUSスチール買収の行方に要注意

日本最大手、世界第4位の鉄鋼メーカーです。2012年、「世紀の大合併」と呼ばれた新日本製鉄と住友金属工業の合併により誕生しました。当時は新日鐵住金という社名でしたが、2019年、現在の社名に変更しています。

業界2位のJFEホールディングス（5411）、業界3位の神戸製鋼所（5406）とともに、日本の3大鉄鋼メーカーと呼ばれています。

もともと日本は、鉄鋼に強い国として知られています。2022年の実績では、中国、インドに次ぐ世界3位の生産量を誇っています。米国やロシアといった大国を上回っているのです。

「鉄は国家なり」という言葉もあるように、まさに日本の礎と言っても過言ではない同社。しかし、コロナショックが起きた2020年ごろは、倒産するのでは

ないかと言われるほど業績が悪化しました。

日本の鉄鋼は地に落ちた、もう終わりだ、といった、悲観的な見方が世間を覆っていました。

しかし当時、私は「これから15年周期の長期循環物色で鉄鋼ブームが来る」と、ユーチューブなどで発信し続けていました。すると、チャートを確認していただければわかりますが、本当にうなぎ登りで上昇していったのです。

自慢するわけではありませんが、**私の言葉を信じてくれた人は、きっと大儲けしたことでしょう。**

現在も、26週移動平均線にサポートされる形で株価上昇を続けています。にもかかわらず、PBRは1倍を割り込んでおり、配当利回りは4％をゆうに越えます。

割安かつ高配当の銘柄を探しているなら、有力な候補となるのではないでしょうか。

そんな日本製鉄が今、大きく揺れています。2023年末に、米国の名門鉄鋼メーカー、ＵＳスチールを１４９億ドル（約2兆円）で買収することを発表したのです。

それに対し、共和党のドナルド・トランプ前大統領が「即座に阻止する、絶対にだ！」と発言しました。２０２４年秋に行なわれる大統領選挙に巻き込まれる形で、政治問題化しているのです。

もし、トランプ氏が大統領に返り咲いたら。いわゆる「もしトラ」が現実になった場合、買収は不成立になる可能性があります。

とはいえ、昨今は中国の経済的な圧力が高まっています。その中で、米国と日本は同盟国として結びつきを強めています。

日本に勢いがあった数十年前なら、米国にとって日本は最大のライバルだったので、買収は認められなかったでしょう。しかし今なら、買収が成立する可能性は高いとにらんでいます。

トランプ氏の発言は、一種のかけひきともいえます。買収を認める代わりに技術とお金を提供しろとか、米国企業を優遇しろとか、いろんな要求をしてくるかもしれません。

今後、事態がどうなっていくのか、ニュースに注意しながら、ご自身で買い時を見極めていただければと思います。

③日立建機（6305）
世界第3位の建設機械メーカー。AI、自動運転などの技術にも期待

日本を代表する大手建設機械メーカーです。日本で唯一のコングロマリット（複合企業体）とされる日立グループに属しており、日立製作所（6501）とは親子関係にあたります。

建設機械業界では、米国のキャタピラー、日本のコマツ（6301）に次ぐ、世界第3位の規模を誇ります。

土木、建築の作業で使われる機械を幅広く製造していますが、中でも油圧ショベルが主力です。とりわけ鉱山などで使われる超大型ショベルは、世界で3割以上のシェアを占めています。

業績も非常に好調です。配当利回りも、高配当銘柄の基準である3・5％近く

あるうえ、増配も続いていますので、安心してホールドできるのではないでしょうか。

ただし株価は、２０２３年9月中旬につけた高値から、下落トレンドが続いていました。景気減速が懸念されている中国の売上が下がったことが、業績不安を招いたようです。

しかし、ちょうど3か月後の12月中旬に底打ちし、徐々に上昇トレンドに入ったようにチャートからは読み取れます。

余談ですが、このように相場は3か月、6か月、12か月という周期で上下する傾向があります。この周期を知っておくだけで、初級者の方は非常に戦いやすくなると思います。

たとえるなら、**波に乗る**イメージでしょうか。チャートが描く波に乗って、安いところで買い、高いところで売る。これを私たち相場師は、「うねり取り」と呼んでいます。

さて、話を戻しますが、私が日立建機に注目する、大きな理由がもうひとつあります。

それは、AI、IoT（モノのインターネット）、DX（デジタルトランスフォーメーション）といった最先端の技術に、積極的に取り組んでいることです。

先ほどお伝えしたように、日立建機は日立製作所と親子のような関係です。当然、そこにはシナジー（相乗効果）が生まれます。

日立製作所は世界有数の総合電機メーカーですが、最先端のデジタルテクノロジー技術を有しています。その技術を、日立建機の建設機械に取り入れたらどうなるか。

自動運転するショベルカー、土木作業をするロボットなど、画期的な製品が生まれるかもしれません。危険な場所での作業が可能になりますし、今騒がれている人手不足の問題も解決できるかもしれません。

実際、日立建機は、こうした技術開発に大きく予算を割いているようです。将来が非常に楽しみな企業のひとつです。

④ソフトバンク(9434)
「ワイモバイル」が絶好調。「営業利益1兆円」は通過点にすぎない?

みなさんもご存じのとおり、「ソフトバンク」「ワイモバイル」などの携帯キャリアを展開する通信会社です。

業績はきわめて好調です。2020年に「営業利益1兆円」を目標に掲げたときは、本当に達成できるのか多くの人が疑ったようですが、2023年3月期、本当に営業利益1兆円を達成しました。

配当利回りも高く、4%半ばを推移しています。キャピタルゲインとインカムゲインの両方が期待できる、貴重な銘柄といえるでしょう。

ただし、2024年3月期は、通信料の値下げや、ペイペイの子会社化などが影響し、一時的な増収減益が予想されています。

しかし、2026年3月期には、純利益過去最高を目指すことを明らかにしており、勢いはまだまだ止まりそうにありません。

そんなソフトバンクですが、私がとくに注目しているのは、サブブランドの「ワイモバイル」です。いわゆる「格安SIM」と呼ばれる、低額で利用できる人気サービスです。

大手キャリアの契約者数は、1位がNTTドコモ（9437）（現在は上場廃止）、2位がKDDI（9433）、ソフトバンクは長年、3位に甘んじています。

ところが、格安SIMの契約者数では、ワイモバイルは1位に輝いているのです。契約者数は約700万回線と、2位のUQモバイル（KDDIのサブブランド）の約350万回線に、大きく差をつけています。

ちなみに3位は、「IIJmio」を展開するインターネットイニシアティブ（3774）、4位にはNTTドコモ系列の「OCNモバイルONE」が続いています。

なぜ、ワイモバイルが飛び抜けて好調なのか。もっとも大きな理由は、**法人契約が伸びていること**です。

子どもからお年寄りまで、ほとんどすべての日本人が携帯電話を持っている時代です。各社、少ないパイを奪い合っている状態で、もはや「釣り堀の中に魚がいない」状態ともいえます。

しかし、法人契約の携帯電話、つまり会社から支給される携帯電話に関しては、パイが残されています。ワイモバイルが狙っているのはまさにここです。

私が経営している会社でも、全社員に「格安スマホ」を支給していますが、法人契約の場合、使用料が非常に安く、なおかつ使い放題です。その代わり、7年契約などの縛りがあります。

1件あたりの上がりは少ないけれども、非常に安定したストック収入になるわけです。おそらくソフトバンクは、ワイモバイルの法人営業にマンパワーを集中させて、契約数を稼いでいるのではないかと思います。

株価は直近、大きく上昇しています。チャートからは13週移動平均線でサポートされているように読み取れますので、監視銘柄に入れておいて、急落・暴落のタイミングを狙うのもいいでしょう。

狙い目穴場株

あなたの知らない場所に、「花の山」が眠っている？

みなさんは、こんな相場格言をご存じでしょうか。

「人の行く 裏に道あり 花の山」

もし美しい花を見たいなら、誰も行かない裏道を行ったほうがよいという意味です。「茶聖《ちゃせい》」と呼ばれた千利休の句といわれています。

新ＮＩＳＡがスタートしてから、さまざまな雑誌やネットメディアなどで「おすすめ銘柄」が紹介されています。

決まって登場するのは、三菱商事（8058）だったり、三井住友フィナンシャルグループ（8316）だったり、NTT（9432）だったり、JT（2914）だったりします。

こうしたメジャーな銘柄が悪いとはいいません。しかし、人気が集中することで、すでに割高になっているケースが多いです。

そこで、ここでは「穴場」ともいえる、目立たないけれど優良な銘柄を、読者のみなさんにこっそりご紹介します。

⑤竹内製作所（6432）
建設機械のベンツ？
世界が絶賛する「メイドインジャパン」の底力

先ほど紹介した日立建機と同じ、建設機械メーカーになります。

といっても、世界第3位の日立建機と比べると規模的には小さく、業界的には中堅といえるでしょう。投資家の間では、知る人ぞ知る、といったところでしょうか。

ところが、同社の評判は世界にとどろいています。売上に占める海外の割合は、なんと約99％。ほとんどが海外での売上で占められています。

主力は重量6トン未満のミニショベルで、ヨーロッパと北米で高いシェアを占めています。その品質や性能の高さから、欧米では「建設機械のベンツ」とも言われているそうです。まさに**「メイドインジャパン」の信頼性を代表する**ような企業といえます。

直近のチャートの形は、日立建機とよく似ています。２０２３年秋にいったん大きく値を下げたあと、２０２４年に入ってふたたび上昇トレンドを形成しているように見えます。

２０２４年2月期の決算では、売上、経常益、最終益、配当、すべて大きく増える予想です。なおかつＰＥＲもひとケタ台と割安ですので、さらなる株価上昇も期待できます。

現在、竹内製作所の売上は、北米とヨーロッパで約半々とのことですが、今後はアジア、南米、アフリカなど、世界中の広い地域に広がっていくことが期待されます。

中でも狙い目はアジアでしょう。景気後退が危ぶまれている中国はともかく、インド、インドネシア、ベトナムといった新興国は、急速な人口増と経済成長が見込まれているため、ビルや道路をつくるのに必要な建設機械の需要は、当然高まっていくでしょう。

また、現在の円安傾向が今後も続くのであれば、輸出企業である竹内製作所にとってはきわめて有利に働きます。

決して目立つわけではないけれど、世界から絶賛される製品をつくっている日本の優良企業は、ほかにもたくさんあります。興味を持たれた方は、ご自身でも調べてみてください。

⑥共和レザー（3553）
自動車用内装皮革で国内シェアナンバーワン。トヨタグループの優良児

自動車用内装材メーカーで、シートなどに使用するレザー（合皮）で国内シェア

ナンバーワンを誇ります。

筆頭株主はトヨタ自動車（7203）。800社近くあるといわれている、トヨタグループの中の一社です。そのため納入先は、当然ながらトヨタが中心となります。

株価は数年かけてだらだらと下げていましたが、2023年6月ごろを境に、上昇トレンドへと転換しました。13週移動平均線にサポートされながら、きれいな右肩上がりを描いています。

これぞまさしく、私の大好きな**「昇龍拳チャート」**です（ちなみに「昇竜拳」とは、格闘ゲーム『ストリートファイター』シリーズに出てくる、高くジャンプしながらアッパーを繰り出す必殺技です）。

にもかかわらず、PBRはいまだに1倍を割っており、まだまだ上昇余地があるといえるのではないでしょうか。

配当利回りは3・5％前後。2024年3月期の増配も発表されました。高配当銘柄の条件を満たしています。典型的な「割安高配当銘柄」と呼んでさしつかえないでしょう。

トヨタ自動車は、2024年3月期の純利益予想を4兆5000億円に上方修正するなど、最高益を大きく更新する見通しです。株価も2023年5月ごろから右肩上がりに上昇し、上場来高値を更新しています。

経済用語で「トリクルダウン」（富が徐々にしたたり落ちる、という意味）という言葉がありますが、その恩恵は遅かれ早かれ、トヨタ自動車から共和レザーに「したたり落ちる」のではないでしょうか。

また、EV（電気自動車）シフトが進んだとしても、シートの素材が変わることはないでしょう。将来にわたって安定した需要が見込めると思います。

正直、一般の人にはなじみのない会社かもしれません。地味といってもいいかもしれません。しかし、その中にキラリと光る会社もあるのです。

⑦フタバ産業（7241）

排気系部品で国内トップシェア。好調なトヨタグループから目が離せない

こちらも共和レザー同様、トヨタ自動車が筆頭株主です。トヨタグループに属する自動車部品メーカーです。

排気系部品を得意としており、とくにマフラーはトヨタのみならず、日産自動車（7201）、ホンダ（7267）、スズキ（7269）、ダイハツ工業（7262）（現在は上場廃止）など、多くの自動車メーカーに出荷しており、国内トップシェアを誇ります。

株価はチャートを見てもらうとわかるように、美しい右肩上がりを描いています。まずは2017年の高値、1279円を越えていけるかどうか、注目したいところです。

株価がずいぶん上がってしまったので、利回りは現状、3％を少し超えるくらいです。いっぽう、2024年3月期の配当は、前年に比べて倍に増えています

ので、十分合格点といえるのではないでしょうか。

また、3月の権利落ちや、急落・暴落を狙うのもいいかもしれません。

共和レザー同様、こちらもトヨタ自動車からの「トリクルダウン」が期待できます。ただし、EVシフトの流れに関しては影響をまぬがれないでしょうから、注視は必要だと思います。

とはいえ、ドナルド・トランプ前大統領がEVシフトに反対しているため、大統領選挙の結果によっては、ハイブリッドで圧倒的なシェアを誇るトヨタに追い風が吹くとの見方も出ています。

トヨタ系列の自動車部品メーカーとしては、ほかにも愛三工業（7283）、大豊工業（6470）、東海理化（6995）などがあり、軒並み株価が上昇しています。

先ほどお伝えしたように、トヨタグループは800社近くあるといわれていますから、恩恵を受けそうな会社をご自身で調べてみるのもおもしろいのではないでしょうか。

⑧三菱ケミカルグループ（4188）

国内最大の総合化学メーカー。SDGsへの積極的な取り組みにも注目

三菱ケミカルグループは、国内最大の総合化学メーカーである三菱ケミカルを中核とする持株会社です。社名から想像がつくように、三菱財閥を前身とする三菱グループの一員です。

三菱ケミカルは、2017年、三菱化学、三菱樹脂、三菱レイヨンの3社が事業統合し誕生しました。工業用の化成品をはじめ、機能性樹脂、プラスチック加工品、化学繊維、そのほか多種多様な製品をつくっています。

株価は直近、上値970円、下値840円くらいの「うねり」の中で動いていています。私の投資手法のひとつである「うねり取り」がしやすかった銘柄といえるでしょう。

中長期で見ると、2023年1月ごろから上昇トレンドに入っています。とはいえ現在もPERはひとケタ、PBRは1倍割れと非常に割安ですので、まだま

だ伸びしろはあると思います。

配当利回りも3％台後半と、高配当銘柄の条件を満たしています。先ほどの共和レザーなどと同様に、典型的な割安高配当銘柄といってよいでしょう。

この会社のいいところは、SDGs（持続可能な開発目標）の世界的なトレンドに積極的に参加している点です。

たとえば、ケミカルリサイクル（使用済みの資源を化学的に分解し、原料に変えてリサイクルする方法）。廃プラスチック、ペットボトル、自動車のヘッドランプなどのリサイクルを事業化しようとしています。

また、従来の石油ではなく、再生可能な植物由来原料を使ったバイオプラスチックの製品開発なども進められています。

昨今では、業績面だけではなく、環境・社会・ガバナンスの3つの観点から投資先企業を評価する、「ESG投資」が注目されています。三菱ケミカルグループの地球に優しい取り組みが、将来的に株価上昇へとつながる可能性もあると考えています。

飛躍が見込める期待株

今後の業績アップ&株価上昇に乗り遅れるな！

ここまで業績が順調に推移し、株価も上昇傾向にある高配当株を紹介してきました。ここからは逆に、業績や株価はパッとしないけれど、今後の飛躍に期待できる高配当株を紹介したいと思います。

直近のチャートだけを見ると、買うのを躊躇してしまうかもしれません。でも、**高くジャンプするには、深くしゃがみこむことも必要です。**

今は高くジャンプする力をたくわえている時期だ。

そう思える銘柄があったら監視銘柄に入れて、自分のタイミングでいつでも動けるよう準備しておいてください。

⑨キャリアリンク（6070）
BPOが得意な人材派遣会社。
人手不足をチャンスにふたたび成長軌道へ

キャリアリンクという名前から想像がつくように、人材派遣サービスの会社です。上場したのは2012年で、今回紹介している中では、比較的、新しい会社になります。

配当利回りは、4％台後半。年に1回、クオカードの優待もありますので、非常におトクといえるでしょう。

業績は、2024年3月期は減益予想であるものの、「2025年3月期以降は2ケタの増収増益を目指す」と発表しており、成長軌道に復帰することが見込まれています。

それを受けて株価も、2023年秋に大きく下落して以降は、右肩上がりに上昇しています。このまま200日移動平均線を下支えに、直近高値の3290円にどこまで迫るのか、注視していきたいところです。

キャリアリンクが得意とするのは、BPO（ビジネス・プロセス・アウトソーシング）です。

BPOとは、単なるアウトソーシングではなく、業務プロセスを一括して受託することです。マイナンバー業務や給付金業務など、地方自治体からの案件が増えています。

また、直近の発表では、事務系人材サービスが低調だった一方、製造系人材サービスがズドンと伸びています。

人手不足が深刻化している業界としては、「2024年問題」で知られる物流が思いつきますが、工場をはじめとする製造業もまた、深刻な人手不足が問題になっています。

少子高齢化による生産年齢人口の減少に加え、「きつい、汚い、危険」といったネガティブなイメージも人手不足に拍車をかけているようです。

こうした状況と、キャリアリンクの製造系人材サービスが、おそらくマッチしているのでしょう。生産年齢人口の減少は今後も止まらないでしょうから、同社にとって利益の源泉になることが期待できます。

ただし、人材派遣会社の宿命として、景気に左右されがちな側面は否定できません。失業率が上がったり、リセッションに入ったりすれば、株価にも影響が出るはずです。

そのタイミングを狙って買いを入れるのも、ひとつの手だと思います。

⑩安藤ハザマ(1719)
「国土強靭化」で追い風が吹く、大型土木を得意とする準大手ゼネコン

ダム、トンネルなど、大型土木を得意とする準大手ゼネコンです。2013年、間組が安藤建設を吸収合併する形で誕生しました。

配当利回りは5%前後と、今回紹介している銘柄の中でも、1、2を争う高配当銘柄です。そのためか、新NISAがスタートした2024年から、株価は上昇傾向にあります。

業績については、ここ数年、行ったり来たりを繰り返しています。絶好調とは

いえませんが、売上は伸びていますし、増配傾向も続いているので、十分合格点といえるのではないでしょうか。

安藤ハザマの強みは、「国策テーマ株」であることです。

２０２４年１月、能登半島地震が発生したのは記憶に新しいと思います。この地震では２００人以上の方がお亡くなりになり、家屋倒壊、土砂災害など甚大な被害が発生しました。

そこで、改めて注目されているのが、国が総力を上げて取り組んでいる「国土強靭化」です。

日本は高度経済成長の時代、たくさんのダム、トンネル、橋梁、道路などをつくってきました。それらが今、深刻な老朽化を迎えています。地震などに耐えられるよう、つくり直したり、耐震工事をする必要に迫られています。

「国策に売りなし」

こんな相場格言があるのをご存じでしょうか。国が行なう政策の追い風を受ける企業・産業は売ってはいけない。つまり、株価の上昇が期待できるという意味です。

こうした大型土木は、まさに安藤ハザマが得意とするところ。「売りなし」と判断できるかもしれません。

また、重機の自動運転・遠隔操作に力を入れている点も注目です。

最近、工事現場で人命が失われる重大事故が相次いでいます。東京駅近くのビルの建設現場で、鉄骨とともに作業員が落下し、5人が死傷するという痛ましい事故が起きたのを覚えている方も多いでしょう。

現場で働く人たちを重大事故から守るためにも、自動運転は今後、重要なテーマになってくると思います。

すでに安藤ハザマは、自動運転の研究開発に、多額の費用を投じているそうです。社会貢献性の高い、すばらしい取り組みだと思います。

⑪エーワン精密（6156）

驚異の配当性向！
現場から信頼される工作機械用工具メーカー

工作機械用の工具をつくるメーカーです。中でも「コレットチャック」という加工に欠かせない工具は、国内において6割のシェアを占めています。

一般の人にはなじみがないかもしれませんが、精密機械、航空機、半導体などの製造現場では、エーワン精密の工具が高い評価を受け、活躍しています。私たちの知らないところに、こうした優良企業は眠っているのです。

配当利回りは、以前は6％台まで上昇していたのですが、直近の株価上昇で4％台後半に下がっています。それでも十分、高配当といえるでしょう。

さらに注目したいのは、配当性向（純利益の中から、何％を配当金の支払いに当てたか）です。

エーワン精密は2020年ごろから急激に配当性向を高めており、2023年

6月期の配当性向は260・8%。日本企業の平均は、30~40%といわれていますから、いかに太っ腹かよくわかると思います。

もちろん、配当性向が高すぎるのはよくないという批判も理解しています。前章でもそう説明しています。利益に対して無理な配当をしているわけですから、長続きしない可能性もあるでしょう。

しかしエーワン精密の場合、決して業績も悪くはありません。しっかり黒字をキープしており、経営体質、コスト管理、人件費の割合などが、適正であることが読み取れます。

今後、エーワン精密の「メイドインジャパン」の工具が、海外でも認められるようになれば、いっそうの飛躍が期待できると思います。そのころには、安定・安心の高配当銘柄になっているかもしれません。

⑫ＬＩＸＩＬ（５９３８）

住宅設備の国内最大手。「負の遺産」の解消が株価上昇の号砲になる？

ＬＩＸＩＬ（リクシル）は、２０１１年に、トステム、ＩＮＡＸ、新日軽、サンウエーブ工業、東洋エクステリアの5社が統合して誕生しました。住宅設備の最大手企業です。

中でも、トイレ、お風呂、キッチンなどの水まわり製品は、私たちにもなじみがあるのではないでしょうか。

株価は２０２１年9月の高値から、右肩下がりに下落してきました。２０２４年に入ってようやく上昇に転じ、２００日移動平均線をブレイク、上昇トレンドへ突入したようにチャートからは読み取れます。

配当利回りは4％台半ばで、かなりの高配当銘柄といえるでしょう。また、ＰＢＲは1倍を割っており、上値余地は大きいと思われます。

一方で、ＬＩＸＩＬには「負の遺産」があります。ＬＩＸＩＬは合併後、当時の社長のもと、海外でのＭ＆Ａ（企業買収）を積極的に進めました。それが功を奏し、同社の海外売上比率は急上昇しました。

ところが、徐々に問題点が出てきます。買収した会社が、相次いで巨額損失を出したり、不正会計事件を起こしたりしたのです。その結果、莫大な損失を被ることになりました。

同社は、この負の遺産をいまだに引きずっています。しかし、それが解消されれば、株価上昇の号砲になるかもしれません。

実際、同じようなことが20年ほど前にあったのを覚えています。

当時、大手総合商社の伊藤忠商事（８００１）は、バブルの負の遺産に苦しんでいました。開発した住宅やマンションが大量に売れ残ったため、莫大な債務を背負っていたのです。

しかし、地道な企業努力によって、そうした負の遺産は解消されました。すると、株価も上昇を始め、ついに「投資の神様」といわれるウォーレン・バフェットが投資するまでに至ったのです。

世界最大の資産運用会社として知られる米国のブラックロックが、ＬＩＸＩＬ株を5％まで買い進めているというニュースもあります。

今後、もしかしたら、伊藤忠商事と同じようなストーリーを描く可能性があるかもしれません。

長期保有したい安定成長株

一喜一憂の心配なし！安心して保有できる優良銘柄

ここまでおもに高配当銘柄をご紹介してきましたが、新ＮＩＳＡで個別株を買うなら、もうひとつ大事なことがあります。それは毎年、安定的に成長していることです。

黒字になったり、赤字になったりする銘柄を保有することは、ジェットコースターに乗っているようなもの。業績や株価が気になって、心が休まることがありません。

メンタルを安定させるためにも、長期で運用するなら安定感、安心感は外せないのです。

ここでは地道に業績を伸ばし、長きにわたって日本の成長を支えてくれるような安定成長が期待できる銘柄をご紹介します。

⑬SUBARU（7270）
北米売上が絶好調、海外から信頼される日本を代表する自動車メーカー

日本を代表する自動車メーカーのひとつで、時価総額2兆円を超える大型株になります。安全性、信頼性の面で世界的に評価されており、とくに近年、北米での売上が急成長しています。

かつての会社名は、富士重工業でしたが、2017年、ブランド名として広く浸透していた「SUBARU」に会社名を変更しています。

先ほど紹介した共和レザー、フタバ産業と同様に、筆頭株主はトヨタ自動車です。絶好調のトヨタグループの一員ということになります。

業績は、コロナ期は若干苦しんだ痛みの跡が見えますが、その後はV字回復を

遂げています。とくにこの2年は円安の効果もあって、大幅な増収増益を果たしています。配当利回りも3％弱と、決して悪くはありません。

株価は200日移動平均線にサポートされる形で、上昇トレンドを形成しているように見えます。前回高値もあっさり突破し、どこまで伸びるのか、目が離せないところです。

ちなみに、私たち相場師は、75日移動平均線を意識して売買することが多いのですが、**海外投資家はこの200日移動平均線を意識している**という話を耳にすることがあります。

確証はありませんが、さまざまな情報を拾っていくと、どうやら200日移動平均線をサポートとして考えている、そんな可能性があるのです。参考程度に覚えておくといいかもしれません。

そんなSUBARUですが、扱っているのは自動車だけではありません。世界最大の航空機メーカー、ボーイングの主力機のひとつである「ボーイング787」の心臓部ともいえる重要パーツ、「中央翼」を製造しているのもSUB

ARUなのです。

イーロン・マスク率いるスペースXをはじめ、宇宙ビジネスが注目されていま す。今後、SUBARUの部品が宇宙産業に提供されることもあるかもしれませ ん。そうなれば、将来的な成長は確実なものになるでしょう。

⑭積水ハウス（1928）

国内第2位の住宅メーカー。海外企業の買収で、全米でも第5位の規模に成長

大和ハウス工業（1925）に次ぐ、国内第2位の住宅メーカーです。積水化学工業（4204）のハウス事業部が独立する形で誕生しました。

ちなみに、似たような名前に、セキスイハイムがあります。混同されがちですが、こちらは積水化学工業が展開している住宅ブランドで、積水ハウスとの資本関係はありません。

配当利回りは3・5％を越えており、高配当銘柄といってよいでしょう。また、12期連続で増配を続けており、安定感、安心感をもって保有することができそう

です。

業績は安定的に拡大しており、株価チャートはきれいな右肩上がりを描いています。直近、やや軟調になっていますので、こういうときは買い時のチャンスかもしれません。

積水ハウスは、その潤沢な資金を武器にして、海外の住宅メーカーの買収を積極的に行なっています。

最近では、米国コロラド州の戸建て住宅メーカー、MDCホールディングスを約49億ドル（約7200億円）で買収すると発表しました。この買収により、積水ハウスは全米で第5位の規模になるそうです。

日本企業が海外の同業他社を買収する動きは、積水ハウスにかぎらず、最近よく耳にします。

円安にもかかわらず、こうした攻めの姿勢をとることができるのは、ひとえに日本企業の業績が好調であること。そして、株価上昇によってやりやすい状況がつくられているのだと思います。創業オーナーなど、大株主の反対を受けにくいということです。買収後に株価が上がりやすい今の相場なら、なおのことです。また、低PBRを改善するために、内部留保を使っているという理由もあるでしょう。

先ほどのLIXILのような失敗例もあるので安心はできませんが、今後の業績が楽しみな会社です。

⑮オリックス（8591）
多角的な事業を手がける総合金融サービス企業。安定増配でキャッシュマシンをつくれ

プロ野球球団、オリックス・バファローズで有名なオリックスは、さまざまな事業を手がけていることで知られています。祖業であるリースをはじめ、銀行、生命保険、クレジット、不動産、事業投資など、経営を多角化しています。

創業は1964年、当時はオリエント・リースという社名でした。その後、1989年にオリックスと社名を変更し、現在に至ります。

配当利回りは3％強で、まずまず高配当といえます。ただ、それよりも注目し

たいのは、配当が安定的に増えている点です。

2014年に23円だった配当は、2024年には94円に。15・6%だった配当性向は、33%に上昇しています。わずか10年でこれだけ成長しているのは、非常に魅力的です。

今後も配当方針として、「業績を反映した安定的かつ継続的な配当を実施」すると発表していますので、安心して長期保有することができるのではないでしょうか。

増配銘柄が魅力的なのは、持っているだけで利回りが上がっていく点です。たとえば、2014年1月の株価は約1800円でした。配当は23円ですから、当時の配当利回りは1%少々です。

ところが、1800円で買った株を現在まで持ち続けていたら、配当は94円に上がっているので、購入価格に対する配当利回りは5%台になります。しかも新NISAなら非課税です。

このように増配銘柄に長期投資することは、強力なキャッシュマシンをつくることにつながるのです。

⑯伯東（7433）
エレクトロニクスの専門商社。
世界的な半導体ブームで業績も配当も急上昇中

半導体などの電子部品や、電子機器を扱う、エレクトロニクスの専門商社です。一般的な知名度はそれほど高くありませんが、創業70年以上を誇る、実力派の老舗企業でもあります。

配当利回りは4％台後半。かなりの高配当銘柄です。1株配当は280円と、2021年の60円からわずか3年で5倍弱に上昇しています。

業績は、2024年3月期については、やや減益となっています。ただ、前期の業績がよすぎた反動にも見えますので、上昇基調であることに変わりないでしょう。

株価は2021年の1000円台から、2024年には6000円台へと急上昇しました。直近はやや調整しており、200日移動平均線まで下がる可能性もありますので、底打ちを狙うのもいいと思います。

私が伯東に注目するのは、**半導体セクター**だからという理由です。近年、半導体の需要が世界的に高まっているのは、みなさんもご存じでしょう。

2023年は、需要がやや後退したため、「半導体バブルは弾けた」と考える人もいます。

しかし、SIA（米国半導体工業会）の最新予測によれば、2024年の世界の半導体販売数は、前年比13・1％増の5953億ドルに急増すると見られています。東京エレクトロン（8035）、レーザーテック（6920）、ディスコ（6146）といった「日の丸半導体銘柄」も、株価成長を継続しています。

中長期的に、まだまだ成長する分野と見てよいでしょう。当然、伯東もその恩恵に預かることは間違いありません。

しかも、半導体セクターで配当に力を入れている企業は、それほど多くありません。キャピタルゲインとインカムゲイン、両方とも非課税で得られる可能性のある、**「1粒で2度おいしい」**銘柄といえます。

今後に期待の連続増配株

現在の利回りは低くても、これからグンと伸びていく?

最後にご紹介するのは、毎年、配当金を増やしている「連続増配株」です。

先ほどもお伝えしたように、増配銘柄に長期投資することは、強力なキャッシュマシンをつくることにつながります。

連続増配しているということは、順調に業績を伸ばしている証拠ともいえますから、株価上昇によるキャピタルゲインも期待できます。

たとえ現在の配当はもの足りなくても、長期保有することで配当も、配当性向もどんどん伸びていく。

そんな期待が持てる有望銘柄を、4つご紹介します。

⑰物語コーポレーション（3097）
食べ放題で人気の「焼肉きんぐ」を展開。株価はこの10年で10倍に上昇！

食べ放題でおなじみの焼肉チェーン、「焼肉きんぐ」を展開する物語コーポレーションは、愛知県豊橋市に本社を置く外食企業です。

2007年、石川県に1号店を出店して以降、2008年にジャスダック上場、2013年に100店舗達成、現在はグループ全体で600店舗以上と、ここまでトントン拍子に成長を続けてきました。

焼肉きんぐ以外にも、ラーメンチェーン「丸源ラーメン」、お好み焼きや串カツなどが食べ放題の「お好み焼本舗」など、さまざまなブランドを展開しています。

株価も好調です。2014年は500円台でしたが、2024年には5000円台まで上昇。10年で約10倍に成長しています。これこそ、**個別株投資の醍醐味**といえるでしょう。

配当利回りは0・5％程度。これまで紹介してきた銘柄と比較すると、見劣りするのは否めません。

しかし、物語コーポレーションは、毎年安定して増配している点が魅力です。2014年の配当はわずか5・83円でしたが、10年後の2024年は30円と、5倍以上に伸びています（数字は過去の株式分割を考慮したもの）。

また、株主優待で年間7000円分の食事券がもらえますので、配当金と株主優待を足した「総利回り」で考えると、一気に2％後半まで利回りが上昇するのも嬉しい点です。

最近は、どの企業も株主優待を廃止する流れにあります。しかし、カタログギフトやクオカードなどの優待と比べると、外食チェーンの株主優待は継続する傾向にありますので、それほど心配しなくてよいのではないでしょうか。

マクドナルドの日本の店舗数が、約3000店舗にのぼることを考えると、焼肉きんぐの伸びしろは、まだまだあるように思います。今後のさらなる成長に期待される方は、ご自身のタイミングで狙ってみてください。

⑱ショーボンドホールディングス（1414）
インフラの補修・補強に特化。「国土強靭化」で成長を続ける国策テーマ株

道路、橋梁、トンネル、港湾など、社会インフラの補修・補強に特化した大手工事会社です。

「ショーボンド」という名前から連想するように、土木用接着剤など補修材料の開発、販売も一貫体制で行なっています。

配当利回りは2％前後。これだけ見るともの足りなく感じますが、物語コーポレーションと同様、安定した連続増配を続けています。2014年と比較すると、1株配当はちょうど4倍に増加しています。

業績も、売上、営業利益ともに、きれいな右肩上がりを描いています。上がったり下がったりがないので、安心して長期保有できると思います。

株価も業績と同様、長期で見るときれいな右肩上がりを描いています。ただ、直近はやや調整しているため、75日移動平均線あたりで反発するのを待ってもよ

いかもしれません。

先ほどの安藤ハザマと同様、こちらも「国土強靭化」がキーワードの国策テーマ株です。

能登半島地震の発生を受けて、老朽化したインフラに対し積極的に予算をつけていこうという機運がますます高まっています。

ショーボンドは「社会インフラの補修・補強」に特化している会社ですから、まさに「どストライク」といってよいでしょう。

これはあくまで一般論ですが、国や地方自治体の仕事を受注するには、官庁からの天下りを受け入れて、適切なアドバイスをもらうなど、巧みな戦略が求められます。一朝一夕にできることではありません。

こうした独特のルールや参入障壁の高さも、ショーボンドにとって有利な条件といえるでしょう。

いずれにせよ、「国策に売りなし」です。興味を持たれた方は、「国土強靭化」をキーワードに、ご自身でリサーチしてみてください。

⑲トランザクション（7818）

エコバッグやマイボトルを企画・販売。環境意識の高まりを味方につけて業績は絶好調

エコバッグやマイボトルなどのエコ雑貨をはじめ、デザイン性の高い雑貨を企画・販売する会社です。生産は自社で行なわず、外部に委託しています。

配当利回りは、1・5％前後。こちらも決して高くはありませんが、13期連続で増配しているのが注目ポイントです。

しかも、その伸び率が驚異的です。2014年はわずか3・25円だった配当金が、10年後の2024年には10倍以上の37円に伸びています。2014年の株価は1００円台でしたから、ずっと保有していた場合、購入価格に対する配当利回りは20％を超えます（数字は過去の株式分割を考慮したもの）。

また、自己資本比率が82％と、飛び抜けて高いのも魅力です。倒産の心配がない、健全中の健全といえる会社でしょう。

業績も右肩上がりできれいに伸びており、株価も同じように右肩上がりを描い

ています。

昨今、環境意識の高まりによって、エコ雑貨の需要が増え続けています。とくに、2020年のレジ袋有料化以降は、老若男女、誰もがエコバッグを持ち歩くようになりました。

また、マイボトルも多くの人が持ち歩くようになりました。カフェなどで、マイボトルを持ち込むと割引になるサービスもよく目にします。

節約意識の高まりも手伝って、こうしたエコ雑貨を求める人は、今後ますます増えるのではないでしょうか。

加えて、ライバルが不在なところもトランザクションの強みです。とくに雑貨への名入れサービスや、販促やプレゼントなどで需要があるカスタムメイド雑貨は、ライバルが非常に少ないようです。

懸念点としては、逆に大手が攻めやすい分野ともいえるでしょう。

もしみなさんの中に、会社から「新事業をやりなさい」と言われている方がいたら、トランザクションのビジネスモデルを調べてみると、有益なヒントが見つかるかもしれません。

⑳日本駐車場開発(2353)
駐車場運営からテーマパークまで。インバウンドを追い風に、奇跡の復活はあるか?

社名からわかるように、駐車場の運営を中心とする会社です。また、スキー場、テーマパークなどの運営も手がけています。

物語コーポレーション、ショーボンドホールディングス、トランザクション。ここまで紹介した連続増配株は、いずれもやや割高で、チャートが高い位置にあるのがネックでした。

しかし、こちらの日本駐車場開発は、2022年末に高値をつけてから、ずっと下落トレンドが続いています。

どこで底打ちするのかはわかりませんが、やがて反転し、上昇トレンドに入る可能性はあります。高値づかみをしたくない方は監視銘柄に入れておいて、ここぞというタイミングで動いてみるのもおもしろいと思います。

配当利回りは、すでに3％を超えています。このまま株価がさらに下落していけば、当然、配当利回りも高くなりますので、自分がほしいと思うタイミング（たとえば4％など）で買うのもいいかもしれません。

このように株価は軟調ですが、業績は悪くないどころか、2021年から4期連続で増益の見通しです。増配も14期連続と、安定した配当を続けています。コロナ禍が明けて客足が戻ってきたこと、さらにインバウンドも追い風になっているのでしょう。

なのに、なぜ株価が下がっているのでしょうか。

ひとつ考えられるのは、テーマパークが思いのほか低調なことです。とくに猛暑や台風といった異常気象で、本来は稼ぎどきである夏場の来場者数が伸びていません。

それは業績にも表れており、2023年8〜10月期の決算は、純利益が前年同期比24％減との発表がありました。

これをどう判断するか。やや上級者向けですが、「こんな銘柄もありますよ」

という意味で、みなさんにシェアしました。

以上、私が注目する厳選銘柄を紹介してきました。

重ねてお伝えしますが、株式投資はすべて自己責任が原則です。ご自身でいろいろ調べたうえで、ご自身の判断と、ご自身のタイミングで売買するよう、くれぐれもお願いいたします。

第6章

初心者必見！「株で失敗する人の特徴」ワースト9

前章では、私が注目する厳選銘柄をご紹介しました。しかし、株式投資は決して甘いものではありません。これらの銘柄を買って儲かる人もいれば、損をする人もいます。

どうして同じ銘柄を買っていても、差がついてしまうのでしょうか。

本章では、投資を始めるなら絶対に覚えておきたい**「株で失敗する人の特徴ワースト9」**をお伝えしていきたいと思います。

かくいう私も、初心者のころはここで挙げているような間違いを、さんざん犯してきました。当時は情報も少なかったので、独学でトライアンドエラーを繰り返すしかなかったのです。

株式投資を始めたころにこれを知っていれば、もっと早く1億円に到達できたなと今では思います。

なお、これまでお話ししてきたことと重なる部分もありますが、重要な原理原則ですので、改めて心に刻んでもらえたらと思います。

第9位

いきなり大金を投じる

まずは「死なないこと」を目指そう

初心者の方は、少額から始めるようにしてください。手もとの資金が100万円なら、いきなり100万円を投資してはいけません。失敗したときに、資金面においてもメンタル面においても立ち直れなくなります。

株式投資で初心者が勝てるようになる、いちばんのポイントはなんだかわかりますか?

それは、相場に長くいつづけることです。

スポーツと同じです。私はテニスやボクシングをやっていますが、長くやればやるほど上達しますし、勘どころもわかってきます。

クルマの運転にも似ています。私の姉は、結婚してからクルマに乗るようになったのですが、最初は近所の道を走るだけで怖がっていました。しかし、1年たったころには、高速道路も走れるようになりましたし、車庫入れも驚くほど上達しました。

教科書をいくら読んでも、運転はうまくなりませんよね。必要にせまられて、毎日運転していたから上手になったのです。

株式投資も、長くやっていれば、技術は勝手にどんどん上がっていきます。

ですから、初心者の方は、**相場に長くいつづけること、死なないこと**を、まずは目指すようにしてください。

そのためには、少額から始めること、少額で練習することが重要です。クルマの運転でいえば、まずは教習所に通うようなイメージです。**若葉マークをつけて、小さく、小さく刻みながら株式投資の練習をする**のです。

そのとき役に立つのが、先ほどお伝えした「単元未満株投資」です。初心者なら活用しない手はありません。

第8位

余裕資金を残さない

現金がないと心の余裕も勝負どころのチャンスも失う

いきなり大金を投じてはいけない、とお伝えしました。それと少し重なる部分があるのですが、余裕資金を残さないのも、勝てない投資家の特徴です。

資金が少ないころは、つい株式投資にフルベットしてしまいがちです。しかしそんなときでも、キャッシュ（現金）を手もとに置いておくことが、資金面においてもメンタル面においても大事です。

なぜ、余裕資金を残さないといけないのか。理由は大きく2つあります。

1つめの理由は、**心の余裕がなくなる**ことです。

私は、株式投資は心理戦だと思っています。たとえば、株価が上がっているときに買いを入れるか、それともやめておくか。判断するときのポイントは、その相場に参加している投資家がどう考えているか、です。

「もっと上がるはず」と考えている投資家が多いのか。それとも、「そろそろ下がりそう」と考えている投資家が多いのか。心理を読むことで、おのずと答えが見えてきます。

買い方（その株を買っている人）と売り方（その株を空売りしている人）の戦いも、相場において起こりがちです。

どちらが先に折れるのか。あきらめて手放すのはどちらなのか。おたがいの心理を読むことで、正しい判断をすることができます。

この心理戦に勝つためにもっとも重要なことは、余裕資金を持って、心に余裕を持つことです。心に余裕がないと焦ってしまい、上級者でも誤った判断をしてしまうことがよくあるからです。

余裕資金は、心の余裕に直結しているのです。

2つめの理由は、余裕資金がないと、**勝負どころで勝負できない**ことです。基本的に、株式投資のチャンスは年に数回と思ってください。このタイミングで投資ができないと、大きく資産を伸ばすことができません。

私は6億円の資産を持っていますが、そのうち約4億円は余裕資金、つまりキャッシュポジションです。株式や投資信託などのリスク資産は、1億弱にすぎません。

半分以上は余裕資金というわけです。もっと資産が少ないころは、余裕資金が占める割合はもっと少なかったのですが、それでも一定の余裕資金はつねに残していました。

ただし、ここがチャンスと思ったときは、思い切って軍資金を戦いの場へとを動かします。そして、予想が外れたり軟調になってきたなと思ったら、サッと手を引く。こうしたメリハリのある押し引きが、株式投資においては欠かせません。

第7位

つねに相場を張っている

「休むも相場」という格言を知っていますか?

初心者は「つねに相場を張りがち」です。

儲けようと思いすぎると、つねに売買をしていないともったいない気分になるのです。

とくに、たまたまビギナーズラックを引き当てた人は舞い上がってしまい、自分は市場をコントロールできると思いがちです。「自分には上がる株がわかる、投資の天才だ」と、勘違いしてしまうのです。

株式投資は、**自分(の欲)との戦い**です。欲というのは、放っておくとどんどんふくらんでいきます。それをどう抑えるか、どうコントロールするか。株式投資において、きわめて重要なポイントです。

欲に負けて、つねに相場を張っていると、高値づかみをしてしまうことにつながります。「今、買わないと損だ」という儲け損なうという恐怖に負けてしまっているのです。

「1年待てば下がるかもしれない。だったら、待てばいいじゃないか」

それくらいの気持ちでいることができるようになったら、あなたも勝てる投資家の仲間入りです。

「休むも相場」

こんな相場格言もあります。株式投資には買いと売りのどちらかしかないと考えるのは間違いで、休むことも大切であるという意味です。

買う、売る、休む。この3つのバランスを意識するようにしてください。

第6位

自分の勝ちパターンを知らない

売買したら必ず「振り返り」の時間を持とう

自分なりの勝ちパターンがあるかどうかは、初心者と中級者以上を分ける大きな違いです。勝ちパターンを知らずに、なんとなくで投資をしていては、勝率は上がりません。

では、勝ちパターンはどうすれば身につくのでしょうか。

重要なのは、売買をしたら必ず**「振り返り」の時間を持つ**ことです。成功したならどこがよかったのか、失敗したならどこが悪かったのか。自分なりに分析して、改善につなげるのです。

できれば、記録もつけたほうがいいでしょう。いつ、いくらで買ったのか、なぜそのタイミングで買おうと思ったのか、失敗したならどこが悪かったのか、どうすれば失敗を繰り返さずにすむか。

自分のやり方を見直し、改善を重ねることによって、やがて自分なりの勝ちパターンが見えてきます。

私は無責任なことは言いたくありません。なので、はっきり言いますが、株式投資は初心者が勝てるほど甘い世界ではありません。もし勝てたとしたら、それはいわゆる「ビギナーズラック」です。

少なくとも、100回は取り引きを繰り返さないと、勝ちパターンは見えてきませんし、勝てるようにはなりません。そして、100回取り引きするためには、相場で生き残らないといけません。

某大手証券会社は、大量の新卒社員を採用して、振るいにかけると聞いたことがあります。振るいにかけて、生き残った社員だけを育てるそうです。

このように投資初心者の方は、今まさに振るいにかけられていると思ったほうがいいでしょう。

100回取り引きを行なうまでは、とにかく生き残ること。退場しないことが最優先です。そうすれば、やがて技術が磨かれ、自然と勝てる投資家になれます。

第5位

分散投資をしない

「卵はひとつのカゴに盛るな」は投資の大原則

繰り返しお伝えしてきたように、株式投資をするうえで分散投資は非常に大事な考え方です。

分散には3つの考え方があります。

①時間の分散
②資金の分散
③銘柄・業種の分散

ここでは個別株投資における分散の重要性について、1つずつお伝えしていきたいと思います。

①時間の分散

タイミングをずらしながら、少しずつ、何回かに分けて買うことです。手もとの資金を一度に投じてはいけない、ということですね。

2024年に入って、日本株が上昇しています。こういうときほど、「今、買わないと乗り遅れる」と焦るあまり、集中投資してしまいがちです。

でも、もしかしたら明日、暴落するかもしれません。このとき分散投資をしていないと、大きなダメージを被ることになります。また、買い増しをする余力もありません。

こうしたリスクを避けるために、毎月、一定額をコツコツ積み立てていく積み立て投資をみんなこぞって勧めているわけですが、個別株投資においても、時間の分散はきわめて重要です。

ただし、積み立て投資と違うところは、毎月決まった日に機械的に買うのではなく、自分の判断、自分のタイミングで分割買いをすることです。

市況を読む力、チャートを読む力など、一人ひとりの投資力が試されます。ここが個別株投資の難しいところであり、醍醐味であり、腕の見せどころともいえます。

②資金の分散

株式投資にすべての資金を投入してはいけない、ということです。

私は現在、6億円の資産を保有していますが、**6億円すべてを個別株に投じているわけではありません**。その時々によって変動はありますが、現在は、以下のように資金を分散しています。

・個別株（日本株）……1億5000万円
・現金……2億5000万円

・不動産（足立区に3棟）……2億円

個別株投資をオススメしている私ですが、総資産に占める個別株の割合は4分の1にすぎません。

このように資金の分散をしておくと、リスクコントロールになります。わかりやすくいえば、たとえ株式市場が暴落しても、ダメージは4分の1ですむというわけです。

ただし、私の資金の分散のしかたは、比較的シンプルなほうだと思います。米国株式、投資信託、債券、REIT（不動産投信）、金（ゴールド）、暗号資産（ビットコイン）など、ほかにも分散する先はたくさんありますので、ご自身のリスク許容度に合わせて組み合わせてください。

注目していただきたいのは、**現金比率の高さ**です。総資産のうち、4分の1以上は現金（日本円）です。この現金は、相場が暴落・急落したときのための余裕資金として取ってあります。

相場がパッとしないときは、さらに現金を市場に投入します。前衛で5000万円くらい追加投入し、状況に応じて、さらに5000万円から1億円を突っ込むか、みたいに考えます。

軍隊同士の戦いでは逐次投入は悪手ですが、株式投資では、むしろ功を奏するケースが多いです。

先ほどもお伝えしたように、こうして、リスクを分散してメリハリをつけることが、勝てる投資家になるためには重要です。

③銘柄・業種の分散

みなさんは、このような相場格言を聞いたことはありませんか？

「卵はひとつのカゴに盛るな」

卵をひとつのカゴに盛ると、もしそのカゴを落としてしまった場合、すべての卵が割れてしまいます。

しかし、いくつかのカゴに分けて卵を入れておけば、そのうちひとつのカゴを落としてしまって、卵がぜんぶ割れてしまっても、他のカゴの卵は影響を受けずにすみます。

つまり、ひとつの銘柄だけに投資するのではなく、いろんな銘柄に投資したほうが安全だという意味です。


また、業種も分散させたほうがいいでしょう。

たとえば最近、海運株ブームが続いていますが、いくら銘柄を分散させているといっても、持っているのが日本郵船（9101）と、商船三井（9104）と、川崎汽船（9107）と、NSユナイテッド海運（9110）だけでは、分散しているとはいえませんよね。

海運セクターの好業績、高配当がいつまで続くかはわかりません。ブームに陰りが見えたとき、急落する可能性もあります。

そのとき、卵をひとつのカゴに盛っていると、ぜんぶ割れてしまう恐れがあります。**視野を広くして、いろんな業種、いろんな銘柄に興味を持つことから始めてみましょう。**

この原稿を書いている最中にも、新ＮＩＳＡの人気高配当銘柄だったあおぞら銀行（８３０４）が、２０２４年3月期決算の赤字転落と、下期の無配当を発表しました。

株価はたちまちストップ安となり、わずか2週間で約3分の2まで急落してしまいました。

思わぬ事態を受けて、「新ＮＩＳＡはやっぱり危険だ」というムードが一部で広まりました。「個別株はもううんざり、やはりインデックスファンドの積み立て一択だ」と思った人もいるでしょう。

こういうときに分散投資をしていれば、ダメージは最小限に抑えることができます。また、余裕資金を残していれば、叩き売られたあおぞら銀行株を、底値で拾うこともできました。

私はよく、みなさんにこうお伝えしています。

「どんな一流の大企業でも、盲信しない、過信しない」

この言葉を頭に置いて、必ず分散を心がけるようにしてください。

第4位

損切りをしない

脳科学でわかった初心者がハマりやすい「2つのバイアス」

相場には、損切りができる人、できない人がいます。できる人は勝てる投資家で、できない人は負ける投資家といえます。

株式投資において、損切りはそれくらい重要で、初心者がつまずきやすいところなのです。

私は、脳科学の研究者でもあるのですが、その観点から見ると、損切りができない理由は「2つのバイアス」が関係しています。

1つは、**「損失回避バイアス」**です。人は損することを極端に嫌う、という心理を指します。

損失回避バイアスは、ノーベル経済学賞の受賞者で、行動経済学のパイオニアとして知られる、ダニエル・カーネマン博士が提唱した理論です。

有名なのが、コイントスゲームの例です。次のようなルールのコイントスゲームがあったとして、あなたは参加しますか？しませんか？

・コインを投げて表が出たら3万円もらえる
・コインを投げて裏が出たら2万円支払う

表が出るのも、裏が出るのも同じ確率です。であるなら、もらえる金額のほうが多いので、確率的に考えると参加するべきといえます。

しかし、大多数の人は「参加しない」を選ぶといいます。

人は得をすることより、損を回避したいという気持ちのほうが強いのです。得をしたときの嬉しさよりも、損をしたときの苦痛のほうが、2倍以上大きく感じるともいわれています。

そのため、損することが確定してしまう損切りがなかなかできず、ついには「塩漬け」になってしまうのです。

もう1つは、**「サンクコストバイアス」**です。

サンクコストとは、これまでに費やした回収することのできない金銭的・時間的・労力的な費用のこと。今さらどうしようもないのに、つい人はサンクコストに固執してしまい、合理的な判断ができなくなってしまいます。

たとえば、観に行った映画がまったくおもしろくなかったとします。これ以上、映画館にいても時間のムダですから、途中で観るのをやめて出てしまえばいいと思うでしょう。

しかし、多くの人は、「せっかくお金を払って観にきたのだから」「せっかくここまで観たのだから」という心理が働いて、結局、最後まで観続けてしまう傾向があります。

損切りができないのも、「せっかくお金を投じたのだから」「せっかくここまで耐えたのだから」という心理が働いてしまうからです。みなさんにも、心当たりがあるのではないでしょうか。

では、どうすれば損切りができるようになるでしょうか。やり方は3つあると思っています。

1つは、なるべく安いところで買うように心がけることです。高い株価で買うと、それだけ下げがきつくなります。急落、暴落を待ち、狙った銘柄をなるべく安いところで待ち構えて買うようにしてください。

もう1つは、ルールをしっかり決めること。「ここまで下がったら損切りする」というルールを、買う前に決めてしまうのです。

サポートラインになっている移動平均線より下に抜けたら売るとか、前回安値を下回ったら売るとか、具体的に決めるようにしてください。

ただ、それを守るのはなかなか難しいものです。私も初心者のころは、今回は特別に許そうとか、次からでいいやといって、損失を拡大させてしまったことが何度もありました。

そこで、最後にもう1つのやり方、考え方をご紹介しましょう。

「ここはマイナスになるけれど、長期でプラスになればいいや」

そう考えることです。

初心者は、ぜんぶ勝たなくてはいけないと思いがちです。しかし、ぜんぶ勝とうとすると負けてしまいます。

上級者はどう考えるかというと、**「勝率」**で考えます。負けることがあるのは当然で、トータルでプラスになればいいと考えるのです。

プロ野球のペナントレースと同じです。年間140試合近くあるなかで、すべての試合に勝とうとするのは現実的ではありません。

この試合は落としてもいい、でもこの試合は絶対に勝ちにいこう。そんなふうにメリハリをつけた戦略を練って、勝率6割を目指すのが、名将と呼ばれる監督のやり方です。

株式投資もまったく同じです。何億も稼いでいる投資家も、すべて勝っているわけではありません。

勝率6割、7割くらいあればいいかな、くらいの気持ちでやっている人がほとんどなので、みなさんにも、その感覚を持っていただければと思います。

ただし、これはあくまで個別株投資の話であることに注意してください。積み立て投資に関しては、基本的に損切りはしません。「そういうルールのゲームだから」と考えてください。

損切りするときは、ゲームオーバーです。いったんゲームをリセットすることになります。

含み損が発生しようが、暴落しようが、ドルコスト法で淡々と積み立てていく。積み立て投資では、その覚悟をしっかり持つようにしてください。

第3位 長期トレンドを味方にしない

ビギナーがプロの機関投資家に勝つ唯一の方法

個人投資家の場合、長期トレンドを味方につけることは、資産形成に大きく役立ちます。

勘違いしがちですが、**みなさんのライバルは個人投資家ではありません**。意識すべきライバルは、保険会社、信託銀行、年金基金、投資顧問会社、ヘッジファンドなどの機関投資家です。

機関投資家とは、顧客から集めた豊富な資金で運用を行なう、大口の法人投資家のこと。個人投資家は、こうしたプロたちを相手に戦っているのです。

個人投資家とプロ投資家では、目指していることも、考えていることも違います。それを意識するだけでも、結果は違ってきます。

たとえばプロには、ひとつ弱点があります。

彼らは顧客からお金を預かって運用しているので、毎月、あるいは半年に一度ほど報告を出さなくてはなりません。もし、そのとき成果が出ていなければ、顧客から資金を引き上げられてしまうかもしれません。

すると、必然的に短期目線になります。つまり、**短期トレード中心に動かざるをえないことが、プロが抱える最大の弱点**なのです。

では、その弱点をどう突けばいいのでしょうか。

彼らが短期トレードで戦っているのなら、長期トレードで戦うことが個人投資家にとって有利に働きます。相手の裏をかくことになるからです。

同じ短期トレードの土俵で戦うのは、草野球のアマチュア選手がメジャーリーグで試合をするようなもの。

プロの中でも選び抜かれた、本物のプロがしのぎを削っている世界です。まともに戦おうと思ったら、メジャーリーガー級の投資スキルや情報力やメンタルのタフさが必要です。

そんな彼らと戦おうと思うなら、裏をかくしかありません。

長期トレードでどうやって勝つか。年単位のスパンで、どうトレンドのフォロワーになっていくか。あるいは、どう逆張りを狙っていくか。

こうしたことを念頭において戦っていけば、個人投資家にも勝利への道が開けるはずです。

第2位

複利を味方につけない

アインシュタインも認めた原理原則を味方にせよ

「複利は人類最大の発明である。
知っている人は複利で稼ぎ、知らない人は利息を払う」

相対性理論で有名な物理学者、アルバート・アインシュタインが語ったといわれている言葉です。

複利とは、投資から得たキャピタルゲイン、インカムゲインを再投資して、雪だるま式に大きく増やすことをいいます。

本書でたびたびお伝えしてきたように、複利というのは株式投資をするにあたって非常に重要な考え方です。

私自身、株式投資で得た利益は、キャピタルゲインにしろ、インカムゲインにしろ、ほとんど再投資に回してきました。

もちろん、会社経営や、不動産投資でそれなりのお金を得ているからできることですが、資産を取り崩した経験はこれまで1、2回しかありません。おそらく、数百万円ほどでしょうか。

思い出づくりや、大切な人のためにお金を使うのは否定しません。でも、車がほしいとか、ブランドものがほしいといって、株式投資で得た利益をどんどん引き出していると、資産形成においてもっとも大事な複利が働きません。

資産形成をしたいなら、複利は必ず味方につけるようにしてください。

第1位

投資の勉強をしない

個別株に投資するなら学ぶ努力は欠かせない

堂々の第1位は、「投資の勉強をしない」です。

積み立て投資なら「ほったらかし」でかまいませんが、個別株に投資をするなら日々、学ぶ努力が必要です。勉強しないまま投資を始めると、たいていの人は失敗します。

もちろん、勉強だけでは投資のスキルは身につきません。なので、まずは最低限でけっこうです。投資に必要な心がまえや、勝ち方を勉強してから、売買を始めるようにしてください。

その際、注意してほしいことがあります。「簡単に稼げる」とか「誰でも儲かる」といった謳い文句を目にしたら、**まず詐欺だと思う**ようにしてください。

みなさんもインターネット広告などで、こうした怪しげな情報商材や、セミナーを目にしたことがあるのではないでしょうか。

人は、少しでもラクな道を選びたがるものです。地道に勉強をするのが面倒で、ついこうした謳い文句に飛びついてしまうのです。

でも、厳しいことを言うなら、株式投資は「簡単に稼げる」ものでも、「誰でも儲かる」ものでもありません。汗水を流して、ときには冷や汗を流して稼ぐものです。

このことが腑に落ちていれば、「簡単に稼げる」とか「誰でも儲かる」といった謳い文句にだまされることはないでしょう。

私が本を書いているからというわけではありませんが、株の勉強を体系的にするならやはり書籍がいいと思います。

私も株式投資を始めたころ、たくさんの本を読んで勉強しました。当時、品川駅前にあった大型書店の株コーナーにあった本は、ほとんど一度は読んだと思います。おそらく１００冊は読んだはずです。

みなさんは、株式投資に関する本を、まずは10冊読んでみてください。１冊１５００円としても、たった1万５０００円です。これから数百万円、数千万円と稼ぐのですから、初期投資としては安いものではないでしょうか。

また、投資で成功した人の体験談を聞くのも役に立ちます。とくに失敗した話、苦労した話を聞くといいでしょう。そういうところに勝つためのヒントや、あなたがやるべきことが隠れています。


ＹｏｕＴｕｂｅで勉強するのも、悪くはありません。私自身、ＹｏｕＴｕｂｅを始めてから、こんなにたくさん優良なコンテンツがあるのかと感心しました。ただ、中には他人の本に書かれていることをそのままスライドにして話している人もいます。それだったら、最初から本を読んだほうが、より内容の濃い情報が得られます。

とくにＹｏｕＴｕｂｅで勉強するなら、**実際に自分で投資をしている人、本当に投資で儲けている人**の話を聞くほうがためになると思います。

その発信者は本当に信頼できる人なのか。見きわめが重要になってくるでしょう。

以上、「株で失敗する人の特徴」ワースト9をご紹介しました。

いかがでしたか？　自分にも心当たりがあると、ドキッとされた方も多いのではないでしょうか。

新ＮＩＳＡは、ただの「器」でしかありません。たまに「新ＮＩＳＡに投資する」という人がいますが、正しくありません。**「新ＮＩＳＡという器を使って投資する」**が正解です。

つまり、どんな食材を使って、どんな料理をつくるか、それをどう盛りつけるかは、あなたの腕にかかっているということです。

この9つを知っておくだけでも、勝率はグンと上がると思います。

あとはみなさんの努力と、成長と、運にかかっています。日々、精進して投資の技術を身につけていただけたらと思います。

第7章

新NISAで「最高に豊かで自由な人生」を手に入れる

多くの人が見落としがちな「入金力」を高めることの大切さ

ここまで私なりの新NISAの活用法、具体的な銘柄紹介、個別株投資において初心者が気をつけるべき点など、さまざまなことをお伝えしてきました。

しかし、まだ1つ大事なことをお伝えしていませんでした。多くの人が見落としがちな、株式投資において大切なこと。みなさんは、なんだかおわかりでしょうか？

それは、**「入金力」を高める**ことです。つまり、毎月の収入からどれだけつみたて投資枠や成長投資枠にお金を回すことができるか、です。

身もふたもない話のように思うかもしれませんが、結局、入金力に勝る資産形成法はないのです。

入金力を高めるには、2つの方法があります。

① 支出を減らす

まず手をつけたいのは、出ていくお金を減らすことです。つまり、節約と節税です。

たとえば毎日、スターバックスで500円のラテを買っているとします。その代わりに、家で淹れたコーヒーをマイボトルに詰めて持ち歩けば、それだけで月1万5000円が浮くことになります。

そんなの大したことないと思うかもしれません。でも、そのお金をすべて入金し、投資に回していれば、20年後にいくらになると思いますか。

なんと、**利回り6％なら約700万円、9％で1000万円を超えます。**

今日節約した500円が、いずれ1000万円になる。そう考えると、日々の節約のモチベーションも高まるのではないでしょうか。

ほかにも、保険の見直し、電力会社の変更、節水シャワーヘッドにする、使っていないサブスクをやめるなど、節約できるところはいくらでも思いつきます。私も最近、「格安スマホ」に乗り換えました。

節税については、ｉＤｅＣｏ（個人型確定拠出年金）、ふるさと納税、セルフメディケーション税制など、会社員の方でもできることがたくさんあります。本書では割愛しますが、ぜひ有効活用してください。

支出を減らすコツとしては、もう１つあります。それは、**充実した毎日を過ごす**ことです。

毎日が充実していないと、１日の中にムダな時間が生まれます。そして、ストレスを解消するために、お酒を飲んだり、ギャンブルをしたり、ネットショッピングをしたり、ムダなお金を使ってしまいます。

これでは、いくら働いてもお金は出ていくばかりです。

仕事に打ち込んでいたり、育児に夢中になっていたりする人は、毎日が充実しているので、ストレス解消のために散財する気持ちにはなりません。そもそも、ムダ使いをする時間もありません。

私は昨年、株の配当金だけで600万円以上を得ました。しかし、会社経営としての仕事や、YouTuberとしての活動が楽しいので、**お金がいっこうに減りません。**

高級車にも、高級時計にも、会員制の高級クラブにも興味はありません。年に数回、家族で旅行に行ったり、社員のお祝いに美味しいものを食べに行ったりするくらいです。

いったんこのサイクルに入ると、お金は青天井に増えていきます。

②収入を増やす

もう1つは、入ってくるお金を増やすことです。

たとえば月収が手取り15万円、生活費に14万円を使い、残りの1万円を新NISAに回している人がいるとします。

もちろんこれまで繰り返し述べてきたとおり、月1万円でも、やらないよりはやったほうがいいでしょう。でも、月1万円だけでは、複利がほとんど効きません。利回り6％で10年間積み立てても164万円にしかならないので、資産運用している気分にはなれないと思います。

でも、一念発起して転職し、月収が手取り30万円に上がったらどうなるでしょうか。

このとき大事なのは、**生活レベルを上げない**ことです。以前と変わらず、14万円で生活できれば、新NISAに月16万円を回すことができます。

計算をわかりやすくするために月15万円として、これを10年間積み立てたらどうなるでしょうか。

投資元本は1800万円になります。これだけで新NISAの生涯投資枠を埋めることができるのです。

入金力の違いでこんなに差がつく

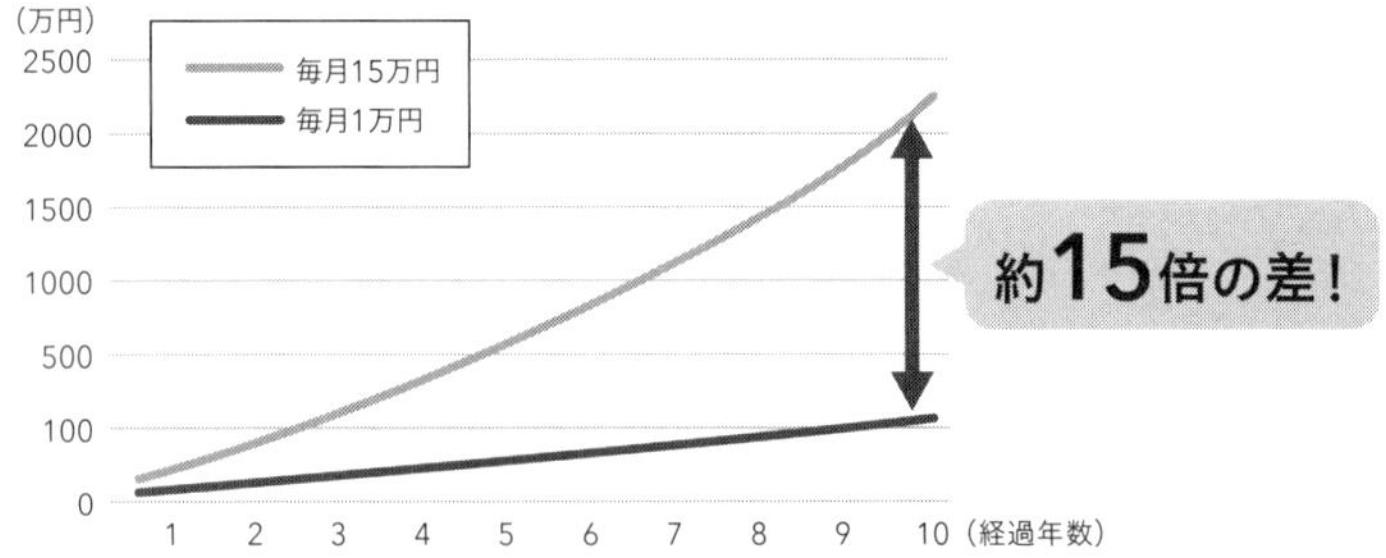

なおかつ6％複利で運用すれば、10年で運用益658万円が加わり、資産は2458万円になります。これはすべて積み立てに回した場合の額なので、本書でやり方を紹介した成長投資枠に資金を振り分ければ、さらに資産は爆増する可能性があります。

これが入金力のパワーです。私の知り合いのお金持ちも、**みんなエネルギッシュに働いて、ガンガン稼いで、どんどん投資に回しています**。この回転を速く、大きくすることで、資産は増えていくのです。

では、収入を増やすためにはどうすればよいのでしょうか。

当たり前ですが、まずは目の前の仕事を一生懸命頑張って、自分の市場価値を高めて、給料を上げたり、資格を取ったり、転職したり、独立したり、副業をしたりするしかありません。

そのためには、本を読んだり、スクールに通ったり、セミナーを受講したり、自分の成長のためにお金を使うことも大切です。自分の人的資本に投資をするということです。

自分への投資も複利が効きます。とくに若いうちに自己投資をしておくと、生涯にわたって「配当」をもたらしてくれるでしょう。

資産6億円の私が「FIRE」しない理由

私は自分のことを、専業投資家ならぬ「副業投資家」と呼んでいます。仕事の9割は会社経営で、投資はあくまで副業にすぎません。

証券会社の口座にログインするのは、朝9時から9時半くらいまで。まったく見ない日もあります。

それくらい、**会社経営の仕事を朝から晩までやっている**ということです。

正直なことをいえば、私はもう一生働かなくても食べていけます。それだけの十分な資産があるからです。でも、社員の中には最近結婚したばかりの者もいれば、子どもが3人いる者もいます。

私は会社経営を始めて16年になりますが、今まで信頼してついてきてくれた社員を、路頭に迷わせるわけにはいきません。このことが、仕事をする大きなモチベーションになっています。

私が「専業投資家」にならない理由

同時に、**「副業投資家」**であることが有利に働くこともあります。

専業投資家の弱点は、「これで食っていかなくてはいけないこと」です。私の場合、会社経営、あるいは不動産賃貸業やＹｏｕＴｕｂｅからの収入があるので、たとえ相場が暴落しても生活には困りません。

しかし、専業投資家の場合、毎月の生活費をトレードの収益のみで得なくてはなりません。暴落時には、資産がどんどん目減りしていきます。そのプレッシャーたるや想像を絶するものがあります。

問題なのは、こうして精神的に追い込まれることで、**負けやすくなる**ということとです。資金が減ることを恐れて守りに入ってしまったり、逆に損失をリカバリーしようと思って無理な勝負に出たりと、心理的プレッシャーに負けて、手もとが微妙に狂ってしまうのです。

実際、専業トレーダーになった人から、「これまで当たり前にやってきたトレードができなくなった」という話も聞いたことがあります。

私はよく、「投資はメンタルがすべて」とお伝えしています。今の自分のトレードを守るためにも、今後も「副業投資家」であり続けたいと思っています。

私が仕事をやめない理由は、もう1つあります。それは、**働くことが嫌いではない**からです。

巷ではFIRE（経済的に自立し、仕事を早期にリタイアすること）がブームです。悪いことではありませんが、FIREを達成した人の中には、「働いたら負け」ということをおっしゃる人がたまにいます。

私からすると、**ちょっと寂しい考え方だな**と思います。自分の可能性を狭めているような気がするからです。

ＦＩＲＥするだけの資産があれば、起業したり、お店のオーナーになったり、ユーチューブで情報発信したり、やりがいがあって、人のためにもなる仕事がなんでもできると思います。

私たちが暮らしている社会は、人々の勤労と労働によって成り立っていることを忘れてはいないでしょうか。

ＦＩＲＥしてビーチで遊んでいられるのも、ホテルの部屋を掃除してくれる人、美味しい食事をつくってくれる人、飛行機でそこまで運んでくれる人、その燃料を採掘してくれる人、膨大な人の勤労のおかげです。

そのことに**感謝の気持ちがあれば、「働いたら負け」という言葉は絶対に出てこない**と思うのです。

もし、あなたが新ＮＩＳＡでお金持ちになったとしても、働くことは楽しいこと、美しいことだという気持ちは失ってほしくないなと思います。

自営業だった父の背中から学んだこと

私がこうした考え方に至ったのは、父の影響が大きいかもしれません。

父は自営業で、中卒で運送の仕事をしていました。今でいえば、Ａｍａｚｏｎに使われている配達業者のようなものです。

父は毎日、朝から晩まで忙しく働いていました。ですから私も、小学校4年生くらいから、仕事を手伝うようになりました。商品を卸している近所の会社にうかがって、集金をするのです。

すると、事務のおばさんが「お父さんの手伝いか、いい子だね」と言って、小切手と一緒にみかんをくれたのをよく覚えています。原体験とでもいうのでしょうか。**働くことは楽しい**ことだと、このころに刷り込まれたのかもしれません。

父は70歳でがんで亡くなるまで、生涯現役で働いていました。お金持ちではありませんでしたが、勤労を大事にしていました。

「働かざるもの食うべからず」

父からよく言われた言葉です。私もこの言葉を肝に銘じています。

子どもというのは、意外と親の背中をよく見ているものです。私も5歳になる息子がいますが、親として恥じることのない生き方をしたいと思っています。

新NISAで未来の選択肢を増やそう

私はもう、自分のお金を一生かけても使い切れないと思っています。生活費などで消える金額よりも、資産が伸びるスピードのほうが速いからです。

使っても使ってもお金が増えていくステージに入ると、目標がどんどんピュアになっていきます。

生まれたからには、成長し続けていきたい。

どこまで行けるか、自分の可能性を試したい。

これが今の私の目標です。

少なくとも、お金のことは度外視できるようになりました。

これから私が力を入れたい2つのこと

具体的には、2つほど目標があります。

1つは、経営しているコンサルティング会社の上場です。これまでは投資家として株を売買する側でしたが、今後は株を発行する側に回るわけです。

現在はVC（ベンチャーキャピタル）からの資金調達と、会社のバリュエーションを高めることを目指して、日々、仕事に取り組んでいます。

もう1つは、オンラインスクール事業です。すでにYouTubeなどでお話ししていますが、この本が出版されるころ、私が主宰する投資スクールが始まる予定です。

新NISAのスタートで、ビギナーの方がどっと参入してきました。それ自体は喜ばしいことですが、何も勉強しないまま始めて資産を失う人や、怪しい話にだまされる人が出てきています。

そういう人たちを増やさないために、私ができることは何かと考えたとき、投資スクールを始めることを思いつきました。

スクールの名前は、「ドラゴン倶楽部」です。

また同時に、発達障害の子どもさんを持つお父さん、お母さん向けのオンラインスクールも進めています。

実は、私の息子は未熟児として誕生しました。保育器の中の息子は、はかなさと強さを同時に秘めていました。生まれた当初は、発育も少し遅れぎみだったことから、息子のために、親としてどんなことができるのか、これまでいろんな情報を集め、学んできました。

しかし、体系的に学べるところは意外と少ないのです。あったとしても非常に高額で、中には100万円以上の費用がかかるスクールもありました。

私は**脳科学の研究者**でもあるので、専門的な知識と、自分の経験を交じえてお話しすることができます。それをできるだけ低額で提供できれば、困っている親御さんの役に立つのではないかと思うのです。

こちらもくわしいことが決まりしだい発表しますので、楽しみにしていてください。

新NISAであなたの人生も変えられる

このように、6億円の資産を手にした今でも、**私は走り続けています**。それこそ、虫のようにです。止まるのは、死んでからでいいやと思っています。

ただ、こんなふうに自分のやりたいことができているのは、資産があるおかげでもあります。

先日、私はある決断をしました。自分の役員報酬を、実質ゼロにすることにしたのです。浮いたお金は事業の先行投資に回して、より強い会社をつくるために使うことにしました。

こんなことができるのも、株式投資で築いた資産があるからです。生活の心配がないからこそ、自分の夢にすべてを捧げることができます。

できるだけ若いうちに資産を築くことは、何ものにも代えがたいメリットがあります。

転職したり、起業したり、留学したり、人生の選択肢を無限大に増やすことができます。社会に貢献したり、困っている人を助けたりもできます。夢の実現に向かって、走り続けることもできます。

新NISAを老後資金のため、将来の安心のために利用することは否定しません。

でも、新NISAは、もっと大きな可能性を秘めています。使い方しだいでは、あなたの人生を激変させる可能性を秘めているのです。

ぜひ、このことを知ったうえで新NISAに取り組んでください。

みなさんの健闘をお祈りしています。

おわりに

成長投資枠の「成長」に込められた深い意味とは

この本の執筆中、担当編集者の方がこんなことをおっしゃいました。

「上岡先生の話をうかがって、成長投資枠の『成長』って、自分が成長するってことなんだなと思いました」

なるほど、その通りだなと思いました。

新ＮＩＳＡの生涯投資枠１８００万円を、つみたて投資枠だけで埋めるのも、決して悪いことではありません。何もやらないよりは全然マシです。

でも、本書でくり返しお伝えしてきたように、積み立てだけしていても自分が成長することはありません。

担当編集者の方は、こうもおっしゃっていました。

「自動で引き落とされるだけだったら、情報を集めたりもしませんよね。せいぜい、オルカンとS&P500のどちらがいいか、評判を調べてみるくらい。あとは、たまにチャートをちらっと見るくらいですかね。そのうち、証券会社のパスワードも忘れてしまうかもしれません。たしかにそれだとラクですけど、おもしろくなさそうですね」

おもしろいか、おもしろくないか。これも、大事なポイントだと思います。

積み立て投資は、基本的に「苦行」だとお伝えしました。おもしろさといえば、口座の数字がだんだん増えていくことや、数十年後の未来を想像することくらいでしょうか。

一方、個別株投資は、もちろん大変なところや、面倒くさいところもありますが、私はいつも「おもしろい」と感じています。

世界情勢のことも勉強するし、社会のしくみも学べます。トレンドにも敏感になりますし、それが本業にも活きることがあります。だからこそ、これまで続けてこれたのでしょう。

おもしろくないことは続きません。みなさんも、新ＮＩＳＡで個別株投資を楽しんでもらえたらと思います。

本書の執筆も終盤にさしかかった、２０２４年2月22日。日経平均株価がバブルの絶頂期につけた史上最高値、３万８９１５円を更新しました。実に34年ぶりの快挙です。

私は自身のＹｏｕＴｕｂｅチャンネルで、「新ＮＩＳＡをきっかけに日本株ブームが起こる」と以前からお話ししていました。なので、いずれは超えるだろうと思っていました。

しかし正直、こんなに早く達成するとは思っていませんでした。想像を遥かに上回るスピードに驚いています。

もちろん調整はあると思いますが、日本株はまだまだ上を目指していくと、期待をこめて私は思っています。

米国や全世界に投資をするのも、悪いことではありません。

でも、日本株に投資をすることは、日本企業を応援すること、引いては日本という国を応援することにつながります。

日本株に投資することで、みなさんと一緒にこの国を盛り上げていきたい。かつてのように希望にあふれた、明るく強い日本を取り戻したい。

そう願っています。


最後になりますが、本書の執筆をサポートしてくださった株式会社アスコムの担当編集者・大西志帆さんと、丁寧な取材と言語化をしてくださったライターの石井晶穂さん、そして、いつも応援してくださっているＹｏｕＴｕｂｅの視聴者のみなさんに、この場を借りて心よりお礼を申し上げます。ありがとうございました。

２０２４年３月吉日

上岡正明

日本株で新NISA完全勝利
働きながら投資で6億円資産を増やした僕のシナリオ

発行日　2024年 5 月10日　第 1 刷
発行日　2024年 6 月 4 日　第 3 刷

著者　上岡正明

本書プロジェクトチーム
編集統括　柿内尚文
編集担当　大西志帆
編集協力　石井晶穂
デザイン　沢田幸平（happeace）
イラスト　ヤギワタル
DTP・図版制作　中日本企画舎株式会社
校正　東京出版サービスセンター

営業統括　丸山敏生
営業推進　増尾友裕、綱脇愛、桐山敦子、相澤いづみ、寺内未来子
販売促進　池田孝一郎、石井耕平、熊切絵理、菊山清佳、山口瑞穂、吉村寿美子、矢橋寛子、遠藤真知子、森田真紀、氏家和佳子
プロモーション　山田美恵
講演・マネジメント事業　斎藤和佳、志水公美

編集　小林英史、栗田亘、村上芳子、大住兼正、菊地貴広、山田吉之、福田麻衣
メディア開発　池田剛、中山景、中村悟志、長野太介、入江翔子
管理部　早坂裕子、生越こずえ、本間美咲
発行人　坂下毅

発行所　株式会社アスコム

〒105-0003
東京都港区西新橋2-23-1　3東洋海事ビル
編集局　TEL：03-5425-6627
営業局　TEL：03-5425-6626　FAX：03-5425-6770

印刷・製本　株式会社光邦

Printed in Japan ISBN 978-4-7762-1342-0